S. 101: Entdecker verändern die Welt

Lesen und informieren – 2

Wenn du jemanden über einen langen Text informieren willst, ist es gut, wenn du den Text gliederst: Wovon handelt der erste Absatz? Wovon handelt der zweite? Hervorhebungen im Text (z. B. Fettdruck) helfen dir dabei.

S. 116: Fantastisches und Märchenhaftes

Tipps zum Vorlesen

Lies den Text laut und übe die Stellen, die schwer zu sprechen sind.
Beachte die Sprechregeln bei den Satzzeichen:

- Stelle wirklich eine Frage bei einem Fragezeichen.
- Sprich lauter bei einem Ausrufezeichen.
- Hebe die Stimme vor dem Komma, denn der Satz ist noch nicht zu Ende.
- Senke die Stimme beim Punkt und mache eine kleine Pause.

S. 163: Medien

Ein Gedicht auswendig lernen

- Lies die Zeilen laut.
- Stelle dir genau vor, worum es in der Strophe geht.
- Schreibe dir in jeder Zeile eine Erinnerungshilfe auf,
  z. B. das erste Wort und das letzte Wort (oft das Reimwort).
  Du kannst auch etwas dazu malen.
- Decke mit einem Blatt immer mehr ab, bis du das Gedicht auswendig kannst.

Weitere Hilfen zum Lesen und Verstehen von Texten findest du hier:

Die Symbole bedeuten:

 Ich – Du – Wir

Eine Aufgabe wird in drei Schritten bearbeitet:
a) Arbeite allein an einer Teilaufgabe.
b) Arbeite mit einem Partner
   an einer Teilaufgabe.
c) Arbeite mit der ganzen Klasse.

 Klassengespräch

Die ganze Klasse spricht über ein Thema
und findet gemeinsam Antwortmöglichkeiten.

 Partner- oder Gruppenarbeit

Arbeite mit einem Partner oder
in einer kleinen Gruppe.

 Über Lernen sprechen

Sprich in der Klasse darüber, was du schon
kannst oder noch üben musst, und darüber,
was die anderen schon können oder noch
üben müssen.

Impressum

Bestell-Nr. 4402-30
ISBN 978-3-619-44230-0
erarbeitet von Tanja Deutsch, Klaus Kuhn, Angelika Soldner
nach der Ausgabe „ABC der Tiere 4 – Lesebuch" (4402-90)
von Katrin Herter, Klaus Kuhn, Stephanie Volk

Auflage   4   3   2   1
Jahr   2020   2019   2018   2017
Alle Rechte vorbehalten
© 2017 Mildenberger Verlag GmbH, 77610 Offenburg
www.mildenberger-verlag.de
E-Mail: info@mildenberger-verlag.de

Redaktion: Stefanie Alender, Stefanie Drecktrah
Grafik: Mildenberger Verlag GmbH

Druck: aprinta Druck GmbH, 86650 Wemding
Gedruckt auf umweltfreundlichen Papieren

Kein Verbrauchsmaterial
Dieses Buch ist zur Wiederverwendung
gedacht. Bitte nicht hineinschreiben.

ABC der Tiere
Lesebuch
4

Herausgegeben von
Klaus Kuhn

Erarbeitet von
Tanja Deutsch, Klaus Kuhn, Angelika Soldner

Illustriert von
**Konrad Algermissen, Andreas Besser,
Renate Emme, Christiane Ruth Franke, Katrin Gaida, Ingrid Hecht,
Susanne von Poblotzki, Achim Schulte, Heike Treiber**

Inhalt

Inhalt

So fange ich an, denn ich will euch anreden:

Liebe Leser,

1 Und mit dieser Anrede komme ich schon ins Grübeln. Ich kenne euch
nämlich nicht, an die ich mich wende. Und sollte ich zufällig jemanden
kennen, dann einen unter tausend. Das ist eine sonderbare Sache,
die mich immer wieder durcheinanderbringt. Der Schriftsteller kennt
5 die meisten seiner Leser nicht. Er schreibt – voller Vertrauen –
für Menschen, die ihm unbekannt sind.

Zu den Zeiten, als Bücher noch nicht gedruckt wurden, als die meisten Leute
noch nicht lesen konnten, erzählten die Dichter und sahen ihren Zuhörern
in die Augen. Da waren die Leser Zuhörer. Der Erzähler merkte – wurde
10 die Runde unruhig –, dass seine Geschichte nicht genügend spannend war.
Oder er konnte feststellen, dass die witzigen Sätze gar nicht so witzig waren,
wie er sie sich gedacht hatte. Es lachte nämlich keiner. Zustimmung oder
Ablehnung waren für ihn also sofort vorhanden. Das ist heute anders.
Beim Schreiben sind wir allein.

15 Manche von uns lesen das, was sie gerade geschrieben
haben, in der Familie oder vor Freunden vor.
Viele tun das nicht. Und wenn sie mit ihrer Erzählung,
ihrem Roman oder ihren Gedichten fertig sind,
wenn die Arbeit abgeschlossen ist, sind sie
20 eigentlich noch einsamer.

Der Verlag druckt das Buch, schickt es an die Buchhändler.
Es liegt in den Schaufenstern und wird hoffentlich gekauft.
In dieser Zeit denkt der Schriftsteller besonders stark an
seine unbekannten Leser. Er versucht sie sich vorzustellen.
25 Er erinnert sich, wie er in dieser oder jener Stadt vorgelesen hat.
Es fallen ihm Gesichter und Unterhaltungen ein und er malt
sich aus, dass diese Frau oder jenes Kind sein Buch gerade
lesen. Im Grunde erzählt er sich damit wieder eine neue Geschichte.
Die Geschichte von seinem möglichen Leser.

30 Manchmal bekommt der Dichter Briefe von Lesern. Ihr könnt euch gar nicht
ausmalen, wie wichtig sie ihm sind. Es sind Botschaften für ihn. Mehr noch.
Aus dem Selbstgespräch, das er geführt hat, als er das Buch schrieb, wird
mit einem Mal ein Gespräch. Da mischt sich jemand ein. Da sagt jemand:
Ich hab dich verstanden. Oder: Warum hast du mir das nicht genauer erzählt?
35 Oder: So etwas habe ich auch schon erlebt.

In solchen Augenblicken ist der Schriftsteller glücklich. Auch wenn er allein
an seinem Schreibtisch sitzt, ist er nicht mehr allein.

Wir Dichter brauchen eure Fantasie. Sie ist unsere Zukunft.
Unsere Hoffnungen, unsere Träume können ein Teil eures Lebens sein.
40 So wie sie ein Teil unseres Lebens sind.

Peter Härtling

Über einen Text sprechen

1 Die Klasse 4 c blättert im neuen Lesebuch „ABC der Tiere": Der eine bleibt
an einer Geschichte hängen, ein anderer schaut sich ein Bild an oder merkt,
dass die Kapitel ähnlich heißen wie im letzten Jahr, und die nächsten beiden
betrachten die Weltkugel-Figuren auf dem Einband.

5 Jetzt liest die Lehrerin Frau Schulze den ersten Text im Buch vor. Sie fängt
an: „Liebe Leser …" Gleich lachen ein paar und sagen: „Wir lesen ja gar
nicht, wir hören ja zu." „Ganz richtig", meint Frau Schulze. „Ihr werdet sehen,
dass es in diesem Text auch ums Zuhören geht. Also, ich lese weiter …"

Als sie fertig ist, melden sich viele in der Klasse:

„Er würde seine Geschichten am liebsten erzählen – dann merkt er gleich, wie es uns gefällt."

„Das ist wie vorhin, wie Frau Schulze mit ‚Lieber Leser' angefangen hat – aber wir waren ja Zuhörer. Da hat sie gleich gemerkt, dass wir das lustig fanden."

„Gut, dass ein Dichter mal an den Leser schreibt. Da fühlt man sich selber direkt wichtig."

„Also, das finde ich passend – mit ‚Lieber Leser' im Lesebuch anzufangen."

„Stimmt, sind ja viele Lesestücke drin."

 Und was meint ihr zu der Geschichte? In einer Lesekonferenz (S. 180)
könnt ihr in der Gruppe miteinander über den Text sprechen.
Jeder kann seine Meinung äußern und Fragen stellen.

Die neue Klasse

1 „Ich heiße Max. Ich bin neun und wohne im Altersheim."
HILFE! So hat sich Max seiner neuen Klasse auf keinen Fall
vorstellen wollen! Jetzt muss ihm blitzschnell was Cooles einfallen.
Bloß: Zum blitzschnellen Denken braucht man einen Kopf,
5 der funktioniert – und keinen, der gerade abgestürzt ist wie ein Computer.
Max kann nur noch gucken. Und das macht alles noch schlimmer!
Weil er sieht, dass die ganze Klasse grinst wie ein Haufen Breitmaulfrösche.
Und Herr Brömmer sitzt an seinem Pult und sagt keinen Ton.
Dabei werden Lehrer doch dafür bezahlt, dass sie was Kluges sagen!
10 Am liebsten würde Max zu seinem Platz gehen und sich hinsetzen,
damit ihn nicht mehr alle anstarren können. Aber er kann nicht
zu seinem Platz gehen, weil er noch gar keinen hat.

„Ähm …" Max holt tief Luft. „Wenn ihr … also, ähm … Wenn ihr eine Frage
habt …?" Das mit der Frage sagt seine Mama immer, wenn sie mit einem
15 Vortrag für die Omas und Opas fertig ist. Weil das angeblich die Stimmung
lockert. Und genau das könnte Max jetzt wirklich gut gebrauchen.
Er vergräbt seine Hände in den Hosentaschen und versucht, nicht auf die
grinsenden Gesichter zu achten. Besonders nicht auf das von dem großen
blonden Jungen in der letzten Reihe. Der grinst nämlich plötzlich nicht mehr,
20 der guckt so komisch konzentriert. Und schon streckt er einen Zeigefinger
in die Luft und schnipst. Er macht ein freundliches Gesicht,
doch Max weiß sofort: Jetzt kommt was Fieses.
„Ich hab 'ne Frage." Der große Blonde grinst wieder.
„Wie is' es denn so im Mumienbunker*, Opa?"

* Mumienbunker: abwertende Bezeichnung für Altersheim

Platsch!

25 Max fühlt sich, als hätte ihm jemand den nassen
Kreideschwamm mitten ins Gesicht geworfen.
Natürlich lachen jetzt alle. Alle außer Herr
Brömmer. Max ballt seine Hände zu Fäusten
und starrt auf seine Turnschuhe. Seine Wangen
30 pochen und brennen, und er weiß, dass sein
Gesicht mal wieder so knallrot leuchtet wie eine
Tomate. „Kannst du auch dein Gebiss rausnehmen?",
fragt der große Blonde. Die Jungs in der hintersten Reihe biegen
sich vor Lachen. Na super. Max kennt das schon aus seiner alten Klasse.
35 Der Bandenchef hat einen Witz gemacht, da ist lachen Pflicht.

Zum Glück merkt Herr Brömmer endlich, dass es Zeit wird, was Kluges
zu sagen. „Ole Schröder, das reicht!", sagt er. Sofort schrumpft das Lachen
zu einem leisen Kichern zusammen. „Also, ihr habt's gehört: Max ist euer
neuer Mitschüler. Seine Mutter arbeitet im Seniorenheim Burg Geroldseck,
40 und deswegen wohnt er seit einer Woche dort." Herr Brömmer schaut
Max an. „Richtig?" Max kann jetzt nicht antworten.
Er muss die Zähne zusammenbeißen, damit der fiese Riesenkloß
verschwindet, der sich in seinem Hals breitgemacht hat.
Also nickt er einfach so cool wie möglich.

45 Trotzdem scheint Herr Brömmer etwas von dem
Riesenkloß zu ahnen, denn er legt eine Hand
auf Max' Schulter. Die ist schwer. Und warm.
Eine schöne, tröstende Wärme, doch Max
schüttelt die Hand ab. Mit einem Riesenkloß
50 im Hals muss man höllisch aufpassen.
Manchmal reicht eine warme Hand, und er
verwandelt sich in Tränen, die man nicht
mehr zurückhalten kann. Egal, wie fest
man die Zähne zusammenbeißt.

Lisa-Marie Dickreiter / Winfried Oelsner

Lies das Buch „Max und die wilde Sieben –
Das schwarze Ass", wenn du wissen willst,
wie die Geschichte weitergeht.

Die Schnecke im Ohr

1 *Blink, Blink.* Verschlafen reibt sich Albina die Augen.
Ihr neuer Lichtwecker hat sie gerade aufgeweckt.
Heute ist Albinas erster Schultag. Damit sie nicht verschläft,
hat ihr ihre Mama diesen Wecker geschenkt. Albina ist

5 schwerhörig, und wenn sie ihre beiden Hörgeräte am
Abend herausnimmt, kann sie nur noch ein wenig hören.

In Albinas Klasse können alle nur ein bisschen hören. Es gibt auch viel
weniger Kinder in ihrer Klasse. 14 Mädchen und Jungen sitzen im Kreis,
damit sie sich sehen können. Das ist wichtig, denn sie sprechen mit dem

10 Mund und auch mit den Händen. Sie lernen nicht nur, wie die Buchstaben
aussehen, sondern auch, dass es für jeden Buchstaben ein Zeichen gibt:
das Fingeralphabet. Außerdem lernen sie für einzelne Wörter Gebärden.

Das Sprechen mit der eigenen Stimme fällt
vor allem den gehörlosen Kindern schwer.

15 Vor dem Spiegel müssen die Mädchen und
Jungen üben. Auch Albina darf mit der
Hand nachspüren, wie sich im Hals
der Kehlkopf bewegt. Wenn sie
ihre Finger unter das Kinn legt

20 und „Mmmm" sagt, kann
sie dies spüren.

Auch Thomas ist in der Klasse von Albina. Dass er hören kann, verdankt
er einer modernen Technik: Er hat keine Hörgeräte, sondern trägt ein
Cochlea-Implantat*. „Das ist wie eine Brille für die Ohren", lacht Thomas.
25 Wer genau hinschaut, sieht die Geräte an seinem Hinterkopf:

Das äußere Bauteil mit dem ❶ **Mikrofon** sitzt hinter dem Ohr und wird
am Kopf mit einem ❷ **Magneten** befestigt. Das ❸ **Implantat** wurde unter
die Kopfhaut gesetzt. Von ihm führt eine Leitung direkt in die ❹ **Hörschnecke**.
Die Geräusche werden vom Mikrofon aufgezeichnet und über das äußere
30 Bauteil an das Implantat weitergeleitet. Dieses sendet die Signale über die
Hörschnecke an den **Hörnerv** ❺. So nimmt Thomas Töne und Sprache wahr.

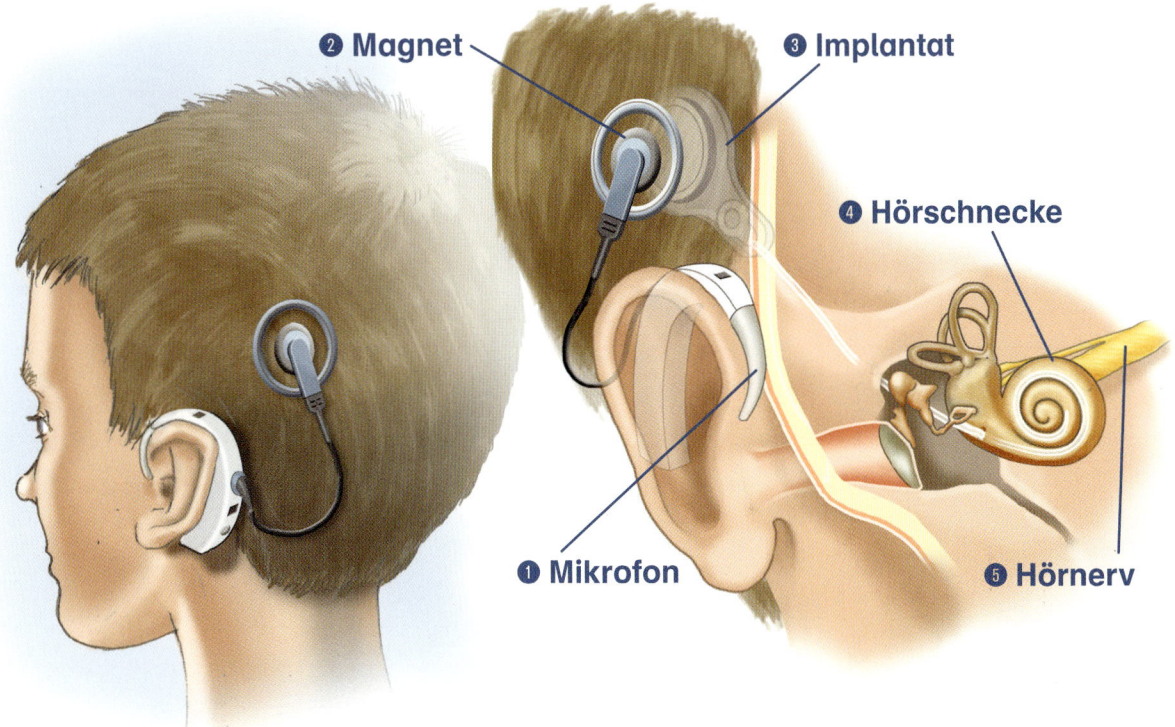

❷ **Magnet** ❸ **Implantat** ❹ **Hörschnecke** ❶ **Mikrofon** ❺ **Hörnerv**

Wenn Thomas über sein „Wunderwerk" eine Plastikhülle stülpt, kann er
sogar schwimmen. Gut, dass es in seiner Schule ein Schwimmbad gibt!
Heute haben alle Kinder Schwimmunterricht. Albina nimmt die Hörgeräte
35 beim Schwimmen heraus. Sie hört dann allerdings fast nichts mehr und
muss genau schauen, welche Gebärden die Lehrerin macht.
Wenn Albina und Thomas tauchen, haben sie aber ganz klar einen Vorteil:
Sie können sich unter Wasser mit ihren Händen unterhalten.

Hannes fehlt

1　Sie hatten einen Schulausflug gemacht. Jetzt war es Abend, und sie wollten
mit dem Autobus zur Stadt zurückfahren. Aber einer fehlte noch.
Hannes fehlte. Der Lehrer merkte es, als er die Kinder zählte.
„Weiß einer etwas von Hannes?", fragte der Lehrer.
5　Aber keiner wusste etwas.
Sie sagten: „Der kommt noch."
Sie stiegen in den Bus und setzten sich auf die Plätze.
„Wo habt ihr ihn zuletzt gesehen?", fragte der Lehrer.
„Wen?", fragten sie. „Den Hannes? Keine Ahnung. Irgendwo.
10　Der wird schon kommen."
Draußen wurde es jetzt kühl und windig, aber hier im Bus hatten sie es warm.
Sie packten ihre letzten Butterbrote aus.
Der Lehrer und der Busfahrer gingen die Straße zurück.
Einer im Bus fragte: „War Hannes überhaupt dabei?
15　Den habe ich gar nicht gesehen."
„Ich auch nicht", sagte ein anderer.
Aber morgens, als sie hier ausstiegen, hatte der Lehrer sie gezählt,
und beim Mittagessen im Gasthaus hatte er sie wieder gezählt, und dann
noch einmal nach dem Geländespiel. Da war Hannes noch bei ihnen.
20　„Der ist immer so still", sagte einer. „Von dem merkt man gar nichts."
„Komisch, dass er keinen Freund hat", sagte ein anderer,
„ich weiß nicht einmal, wo er wohnt."
Auch die anderen wussten das nicht.
„Ist doch egal", sagten sie.
25　Der Lehrer und der Busfahrer gingen
jetzt den Waldweg hinauf.
Die Kinder sahen ihnen nach.
„Wenn dem Hannes jetzt etwas
passiert ist?", sagte einer.

30 „Was soll dem passiert sein?", rief ein anderer. „Meinst du,
den hätte die Wildsau gefressen?" Sie lachten. Sie fingen an,
sich über die Angler am Fluss zu unterhalten, über den lustigen
alten Mann auf dem Aussichtsturm und über das Geländespiel.
Mitten hinein fragte einer: „Vielleicht hat er sich verlaufen?

35 Oder er hat sich den Fuß verstaucht und kann nicht weiter.
Oder er ist bei den Kletterfelsen abgestürzt?"
„Was du dir ausdenkst!", sagten die anderen.
Aber jetzt waren sie unruhig. Einige stiegen aus und liefen bis zum Waldrand
und riefen nach Hannes. Unter den Bäumen war es schon ganz dunkel.

40 Sie sahen auch die beiden Männer nicht mehr. Sie froren und gingen zum
Bus zurück. Keiner redete mehr. Sie sahen aus den Fenstern und warteten.
In der Dämmerung war der Waldrand kaum noch zu erkennen.
Dann kamen die Männer mit Hannes. Nichts war geschehen.
Hannes hatte sich einen Stock geschnitten, und dabei war er hinter

45 den anderen zurückgeblieben. Dann hatte er sich etwas verlaufen.
Aber nun war er wieder da, nun saß er auf seinem Platz
und kramte im Rucksack.
Plötzlich sah er auf und fragte: „Warum seht ihr mich alle so an?"
„Wir? Nur so", sagten sie. Und einer rief:

50 „Du hast ganz viele Sommersprossen auf der Nase!"
Sie lachten alle, auch Hannes.
Er sagte: „Die hab ich doch schon immer."

Ursula Wölfel

KLASSENKEILE

1 „Weißt du sicher, dass du das Geld in der Federtasche* hattest?", fragt Herr Meinecke. Renate nickt. „Es war ein Zehneuroschein." Sie wischt sich die Tränen fort. Herr Meinecke lässt den Blick durch die Klasse wandern. „Jetzt sieht er mich!", denkt Clara und wird rot. So ergeht es ihr jedes Mal,
5 wenn in der Klasse etwas passiert ist. Herr Meineckes Blick ruht auf Clara. Ihr rotes Gesicht hat ihn stutzig gemacht. Clara schlägt die Augen nieder und spürt, wie ihr noch heißer wird. „Es ist besser, derjenige, der es getan hat, meldet sich freiwillig", sagt Herr Meinecke.

„Die Ente ist ganz rot!", ruft Bernd da auf einmal. „Bestimmt war sie es."
10 Clara ist es, als setze ihr Herz aus. Das war es, was sie die ganze Zeit befürchtete: Ente – alle rufen sie so, seit sie neu in die Klasse kam und Michael sagte: „Was ist denn das für 'ne hässliche Ente?" Einen Moment lang ist es still. Aber dann schreien alle durcheinander, bis Herr Meinecke die Hand hebt. Er wendet sich Bernd zu: „Wie kannst du so etwas sagen? Du kannst
15 doch Clara nicht einfach verdächtigen." „Aber sie ist ja ganz rot geworden", verteidigt Bernd sich. Clara will etwas sagen, doch sie bekommt den Mund nicht auf. Moni, die hinter Clara sitzt, stößt ihr in den Rücken: „Los, gib Reni das Geld zurück!" Da legt Clara den Kopf auf den Tisch und weint.

Nach dem Pausenzeichen blickt Herr Meinecke wie zufällig Clara an.
20 „Wer mir etwas zu sagen hat, kann ins Lehrerzimmer kommen", sagt er und verlässt den Raum.

Kaum ist Herr Meinecke draußen, umringen die Mädchen und Jungen Clara und reden auf sie ein. Clara hält es nicht mehr aus. Sie stößt die anderen beiseite und läuft aus der Klasse. In einer Ecke setzt sie sich hin und weint

25 wütend. Sie weiß, sie ist wirklich nicht schön. Aber Bernd mit seinem feuerroten Haar auch nicht. Dürfen Jungen hässlich sein? Clara weiß, dass die anderen sie nicht leiden können, und deshalb macht ihr alles keinen Spaß mehr.

Da ist die Klingel zur letzten Stunde. Im Klassenzimmer schlägt ihr ein feindseliges Schweigen entgegen. Nur Michael sagt: „Die ist keine Ente, die ist

30 eine Elster!" Clara hofft, dass die Stunde nie vorübergeht. Sie hat Angst vor dem, was danach geschieht. Aber dann läutet es. Langsam schiebt sie Bücher und Hefte in ihre Tasche und zieht umständlich die Jacke an. Clara will, dass die anderen weg sind, wenn sie die Schule verlässt. Doch die erwarten sie mit verkniffenen Gesichtern vor dem Schultor.

35 Bernd droht: „Gib Reni die zehn Euro zurück oder es gibt Klassenkeile."
„Ich habe Renis Geld ja gar nicht!" Endlich kann Clara sich verteidigen.
„Du lügst", sagt Bernd. Und dann schlägt er Clara ins Gesicht.
Einen Augenblick lang ist Clara wie gelähmt, auch die anderen stehen betroffen da. „Rück das Geld raus, Ente!", ruft Bernd. Da läuft Clara los. Die anderen

40 verfolgen sie. Immer schneller werden sie, bis sie Clara erreicht haben. Sie umringen sie, und diesmal stoßen und schubsen auch die anderen. Clara hält sich die Mappe vors Gesicht und rührt sich nicht.

„Wollt ihr wohl aufhören!" Eine Frau zieht Bernd, Michael und Moni von Clara weg. „Die ist eine Diebin", sagt Michaela. „Sie hat zehn Euro gestohlen."

45 „Deshalb dürft ihr sie trotzdem nicht schlagen", schimpft die Frau. „Sagt euren Eltern Bescheid, die werden wissen, was zu tun ist." Still lässt Clara ihre Mappe sinken und geht weiter. Es ist ihr egal, ob die anderen sie noch einmal einholen.

Und nun? Soll sie nach Hause gehen?

50 Clara weiß, was die Mutter sagen wird: Es liegt an dir. Du allein bist schuld, wenn die anderen dich nicht mögen.

Am Marktplatz ist ein Kino, das bringt schon mittags den ersten Film. Als der Vorhang sich wieder schließt, ist es draußen schon dunkel. Langsam geht Clara die Straße entlang. In einem Schaufenster ist

55 eine Puppenparade aufgebaut. Sie bleibt stehen.

„Warst du noch gar nicht zu Hause?" Clara fährt herum: Bernd steht hinter ihr. Er ist allein, und wenn er allein ist, ist er ganz anders. Stumm schüttelt sie den Kopf. „Das mit Renis Geld", sagt er, „das war ein Irrtum. Sie hat den Zehneuroschein einfach zu Hause vergessen." Bernd grinst. So war das also!

60 Und nur weil Reni sich geirrt hatte … „Ihr seid gemein", sagt Clara. Bernd wehrt sich nicht. „Reni war schon bei deiner Mutter", sagt er. „Sie wollte sich bei dir entschuldigen. Wir waren blöd … Hat es sehr wehgetan?", fragt Bernd verlegen. Clara schüttelt den Kopf. Bernd meint ja nur die Schläge.

Sie steht mit Bernd vor dem Haus und schweigt. Im Wohnzimmer brennt
65 Licht. Clara kann es von der Straße aus sehen.

„Wir haben beschlossen, nicht mehr Ente zu dir zu sagen", sagt Bernd leise.

„Warum verspotten die anderen dich eigentlich nicht?", fragt Clara.

„Ich meine … wegen deiner roten Haare." „Das haben sie. Feuermelder haben
sie zu mir gesagt. Aber sie haben es schnell wieder sein lassen", grinst Bernd.
70 „Und warum?" „Ich hab sie verhauen." „Im Prügeln bist du stark, was?",
sagt Clara. Bernds Grinsen erlischt. „Vor den Starken haben sie Angst,
die lachen sie nicht aus, nur auf den Schwachen hacken sie herum."

Und Clara begreift: Bernd tut nur so stark, weil er Angst hat. Sie muss lachen.

„Wenn die anderen uns jetzt sehen würden! ‚Die Ente und der Feuermelder'
75 würden sie sagen."

„Quatsch!" Bernd wendet sich ärgerlich ab. Doch dann dreht er sich wieder um
und lacht: „Die sollen sich selber ansehen, so schön sind sie auch nicht!"

Klaus Kordon

Gereimtes und Ungereimtes

Nicht mit den Wölfen heulen

1 Es lebte einst ein kleiner Wolf
in einem großen Wald
der heulte mit den Wölfen nicht
nicht am Tag
5 nicht in der Nacht
und traten sie nach ihm
und schimpften
und spuckten sie ihm ins Gesicht
er heulte mit den Wölfen nicht.

10 Versprachen sie ihm Löwenzahn
und schmeichelten sie ihm
die Wölfe kriegten ihn nicht rum
nicht am Tag
nicht in der Nacht
15 und traten sie nach ihm
und schimpften
und spuckten sie ihm ins Gesicht
er heulte mit den Wölfen nicht.

Der kleine Wolf im großen Wald
20 sang bald sein eignes Lied
sang's ohne Furcht und furchtbar laut
jeden Tag
und jede Nacht
und traten sie nach ihm
25 und schimpften
und spuckten sie ihm ins Gesicht
er heulte mit den Wölfen nicht.

Wilfrid Grote

Ausreden in der Schule

1 *Anna:*
Frau Lehrerin, ich kann nichts dafür.
Es war verflixt – glauben Sie mir:
Mein Wecker hat verschlafen!
5 Ich werde ihn bestrafen.

Paul:
Beim Warten auf die Straßenbahn
biss mich ein wilder Löwenzahn.
Das hat vielleicht wehgetan!
10 Deshalb bin ich später dran.

Ida:
An der Haltestelle vom Bus
trat mir ein Hydrant* auf den Fuß.
Der Knöchel ist gleich angeschwollen.
15 Wie hätt ich schneller gehen sollen?

Peter:
Im Stadtpark flog mir ein Geier ins Ohr
und riss mich zwanzig Meter empor,
sodass ich beide Schuhe verlor.
20 Ich verspreche, es kommt nicht mehr vor!

Lehrerin:
Liebe Kinder, ich glaub euch zwar nicht.
Aber nun zum Sachunterricht.
Wer kann mir sagen: Wie groß und wie schwer
25 ist ein aufgebundener Bär?

Georg Bydlinski

* Hydrant: Zapfstelle auf der Straße, an der die Feuerwehr im Brandfall Wasser entnehmen kann

Große Pause

1 Pausenzeichen
Buch zuklappen
Tür auf raus
und Jacke schnappen

5 Schlange stehen
Brezel kaufen
essen trinken
schreien laufen

Gummi twisten
10 spielen springen
schubsen ärgern
Streit beginnen

weinen lachen
Streit vergessen
15 Sachen tauschen
Kräfte messen

Pausenzeichen
rennen flitzen
rein ins Zimmer
20 stille sitzen

Siggi Gsell

Pausengespräch

1 Er: Warum hast du mich im Stich gelassen?
Hast du kalte Füße bekommen?
Sie: Hm!
Er: Ich habe die Nase gestrichen voll von dir!
5 Erst große Töne spucken! Und dann?
Sie: Bring mich bitte nicht auf die Palme!
Du machst wieder viel Wind um nichts!
Er: Und du kannst mir echt mal den Buckel
runterrutschen!
10 Sie: Beim nächsten Mal lege ich die Hand
für dich ins Feuer. Versprochen!
Er: Ende gut, alles gut?
Dann lass uns unseren Streit begraben!

Herr Kratochwil kommt – fast – zu spät

1 Ich bin immer pünktlich in der Schule.
  Auch wenn mich ein Sturm fast vom Gehsteig weht oder es so stark
  regnet, dass ich auf einem Floß in die Schule fahren könnte.
  Sogar der lange Theo, mein Nachbar, kommt – meistens – rechtzeitig
5 zum Unterricht. Obwohl er jeden Morgen vor dem Schaufenster mit dem
  Aquarium stehen bleibt und sich die Fische anschaut. Aber er schafft es,
  knapp vor dem Läuten in der Klasse zu sein.
  Dann warten wir.
  Wir warten auf unseren Lehrer.
10 Denn Herr Kratochwil kommt immer – fast – zu spät.
  Beim letzten Ton der Schulglocke fliegt die Tür auf,
  er stürzt in die Klasse und ruft:
  „Aufstehen! Sitzen bleiben! Guten Morgen! Na also, da sind wir ja!"
  Dann schaut er uns zufrieden an. Wir rufen: „Guten Morgen!",
15 und einer steht auf und macht die Tür zu.
  Dann freuen wir uns auf die Ausrede.

  Herr Kratochwil steigt auf einen Stuhl. „Diese roten Socken!", sagt er.
  „Könnt ihr euch das vorstellen? Wollten einfach nicht in diese Schuhe!
  War das ein Kampf!"

20 Oder er zeigt auf das Loch in seiner Jacke. „Ein Indianerpfeil!", ruft er
  aufgeregt. „Zwei Indianer auf weißen Pferden. Ohne Sattel! Ich musste
  mich hinter einen Busch werfen. Ein Pfeil hat mich doch erwischt!" Er holt
  einen abgebrochenen Indianerpfeil aus seiner Tasche. „Was hab ich denen
  bloß getan?"

25 Es kann auch vorkommen, dass Herr Kratochwil seine Tasche ausräumt und
unzählige merkwürdige Dinge auf den Schreibtisch legt. „Schaut euch das
an", sagt er begeistert. „Das habe ich alles auf dem Weg hierher gefunden!
Das braucht natürlich Zeit!"

Wir wissen nie so genau, was wir von Herrn Kratochwils Geschichten
30 halten sollen. Er wohnt nur ein paar Gassen von der Schule entfernt.
Ob man auf so einem kurzen Schulweg so viel erleben kann?

Einmal trug er einen Krug auf dem Kopf. Er ging besonders langsam
und stolperte beinahe über eine Schultasche. Der Krug schaukelte gefährlich
hin und her. „Geschafft!", sagte er erleichtert, als er bei der Tafel war.
35 Er nahm den Krug vom Kopf und goss daraus Wasser in ein Glas.
„Hat jemand Durst?" Niemand rührte sich. „So gehen Frauen und
Männer in Afrika stundenlang zum nächsten Brunnen, um Wasser
zu holen", sagte Herr Kratochwil und zeigte auf den Krug. „Ganz schön
schwierig! Das könnt ihr mir glauben!" Wir nickten. Das hatten wir gesehen.

40 Eines Morgens sah es so aus, als würde Herr Kratochwil gar nicht kommen.
Die Tür blieb zu. Auch nach dem Läuten. Da klopfte plötzlich jemand an
die Fensterscheibe. Es war Herr Kratochwil. Er hing an einer Strickleiter und
hatte eine kleine Katze im Arm. Wir öffneten rasch ein Fenster und halfen
ihm ins Klassenzimmer. „Sie ist verletzt", sagte er. „Armes kleines Kätzchen.
45 Ich habe es beim Hergehen auf dem Dach gesehen. Da muss man doch etwas tun!"

Alle mögen den Herrn Kratochwil. Man kann ihm gut zuhören.
Manchmal fürchten wir, dass Herr Kratochwil einmal viel zu spät kommt.
Dass er den ganzen Unterricht versäumt und gar nicht mehr in der Schule
auftaucht. Aber bisher hat er es noch jeden Tag geschafft.
50 Immer in der letzten Sekunde.

Von uns kommt schon lange keiner mehr zu spät.
Schließlich will niemand die Ausreden
von Herrn Kratochwil versäumen.

Heinz Janisch

Uno, due, tre

1 Uno, due, tre.
Am Anfang sagt ich: Nee!
Carlo kann ich nicht verstehn,
wenn wir zwei zur Schule gehn.
5 Darum, für den Weg nach Haus,
such ich einen anderen aus.

Quattro, cinque, sei.
Der Carlo rief nur: „Hei!
Ich jetzt eure Sprache lern!
10 Du mir helfen? Bitte? Gern?"
Da hab herzlich ich gelacht
und mit Carlo Deutsch gemacht.

Sette, otto, nove.
Die Feindschaft ist für Doofe.
15 Sie will nichts vom anderen lernen,
will von anderen sich entfernen.
Feindschaft macht die Menschen dumm,
macht sie krumm und schließlich stumm.

Dieci, das heißt zehn.
20 Bis zehn kann ich schon gehn,
kann schon italienisch zählen,
kann die richtge Pizza wählen,
kann auch Carlos Lieder singen
und ihn oft zum Lachen bringen.

25 Uno, due, tre.
Sprachen tun nicht weh.
Wenn einer fremde Sprachen spricht,
dann verhöhnt und foppt* ihn nicht.
Jeder kann – wir wollns bedenken –
30 in seiner Sprache uns beschenken.

Josef Reding

* foppen: auslachen, spotten, necken

Wir sind in Klasse 4 – mit Texten umgehen

Die neue Klasse, S. 8/9

1. Lies den Text. Wie gefällt dir die Geschichte?

2. Wie fühlt sich Max …
   - nachdem er seinen Wohnort bekannt gegeben hat?
   - nach Ole Schröders Fragen?
   - nach Herrn Brömmers Erklärung?

   Schreibt gemeinsam kurze Antwortsätze. Diese Wörter helfen euch:
   verwirrt, sprachlos, verlegen, angespannt, unsicher.

3. a) Hast du dich auch schon einmal wie Max gefühlt?
   b) Sprich mit einem Partner darüber.
   c) Willst du deine Geschichte der Klasse erzählen?

4. Wie könnte die Geschichte weitergehen? Tauscht euch aus.

Die Schnecke im Ohr, S. 10/11

Lesen und verstehen
Stelle dir nach jedem Absatz vor, was geschieht. Hast du alles verstanden? Wenn nicht, dann versuche die unbekannten Wörter aus dem Zusammenhang im Text zu erklären, frage oder schlage nach.

1. Schreibe die Wörter auf, die du nicht verstehst. Erklärt sie euch gegenseitig oder findet gemeinsam heraus, was sie bedeuten.

2. a) Überlege, was im Text mit einer „Brille für die Ohren" (Zeile 24) gemeint ist. Beschreibe, wie Thomas hören kann. Die fett gedruckten Wörter im Text helfen dir.

   b) Informiert euch im Internet oder in Sachbüchern über Gebärdensprache. Übt einfache Wörter als Gebärde ein.

   c) Stellt in der Klasse eure Gebärden vor. Gibt es Wörter, die ihr auf Anhieb versteht?

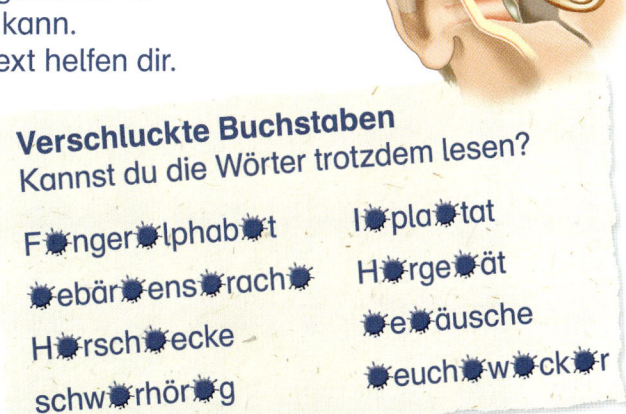

Verschluckte Buchstaben
Kannst du die Wörter trotzdem lesen?

F●nger●lphab●t   I●pla●tat

●ebär●ens●rach●   H●rge●ät

H●rsch●ecke   ●e●äusche

schw●rhör●g   ●euch●w●ck●r

Hannes fehlt, S. 12/13

 Beantwortet die Fragen zusammen mit einem Partner.
Tauscht euch anschließend in der Klasse darüber aus.

1. Warum bemerken die Mitschüler nicht, dass Hannes fehlt?

2. Wer sucht nach Hannes? Lest im Text genau nach.

3. Machen sich die Mitschüler Sorgen um Hannes?
   Sucht die Textstellen und notiert die Zeilenzahl.

4. Wie zeigen die Mitschüler ihre Freude, dass Hannes wieder da ist?

Klassenkeile, S. 14 – 17

 1. a) Lies den Text. Denke auch an Lesetipp 1.

   b) Suche dir mit einem Partner eine Frage aus und finde die Antwort.
     • Warum weint Renate?
     • Wie fühlt sich Clara in der Klasse?
     • Wer verdächtigt Clara?
     • Warum geht Clara nicht nach Hause?
     • Was erfährt Clara von Bernd und was verspricht er ihr?

   c) Tragt in der Klasse die Antworten zusammen.

 2. Was die Klasse mit Clara macht, nennt man Mobbing.
   Erklärt, was dabei geschieht. Kennt ihr weitere Beispiele für Mobbing?

3. Clara und Bernd denken am Abend noch lange über diesen Tag nach.
   Schreibe entweder Claras oder Bernds Gedanken auf.

Gereimtes und Ungereimtes, S. 18/19

Gedichte laut lesen
Lies jedes Gedicht laut. Jetzt bemerkst du deutlich, wie es klingt
und was es sagen will.

Nicht mit den Wölfen heulen, S. 18

1. Vor dem Lesen: Was bedeutet die Redensart „mit den Wölfen heulen"?

2. Lies das Gedicht laut und betont vor.

 3. Was geschieht nach jeder Strophe?
   Erzähle einem Partner davon.

4. Tragt das Gedicht zu dritt vor. Achtet auf die Betonung.
   Spielt mit der Stimme nach, was geschieht.

Gereimtes und Ungereimtes, S. 18/19 (Fortsetzung)

Ausreden in der Schule, S. 18

1. Lest das Gedicht mit verteilten Rollen: Anna, Paul, Ida, Peter, Lehrerin.

2. Welche Ausrede gefällt dir am besten? Welche findest du zu übertrieben? Tausche dich mit einem Partner aus.

3. Sprecht in der Klasse über die Redensart „jemandem einen Bären aufbinden" und beantwortet die Frage der Lehrerin.

4. Schreibe eine weitere Ausrede, gereimt oder ungereimt.

Große Pause, S. 19

1. Verläuft bei euch die große Pause auch so? Vergleicht.

2. Lernt das Gedicht auswendig und tragt es wie einen Rap vor – allein, zu zweit oder zu dritt. Lesetipp 9 hilft dir.

Pausengespräch, S. 19

1. Lest das Pausengespräch mit verteilten Rollen. Achtet auf eure Stimme und bringt die Gefühle der Personen zum Ausdruck.

2. Welche Redensarten und Sprichwörter kommen im Text vor? Was bedeuten sie? Erklärt sie euch gegenseitig oder findet gemeinsam ihre Bedeutung heraus. Haltet euer Ergebnis in einer Tabelle fest.

Herr Kratochwil kommt – fast – zu spät, S. 20/21

1. Beantworte die Fragen erst selbst. Schreibe Stichwörter.
   - Warum kommen alle Schüler rechtzeitig zum Unterricht?
   - Welche Ausreden hat der Lehrer?
   - Mit welchen Ausreden macht Herr Kratochwil auch auf allgemeine Probleme aufmerksam, zum Beispiel auf Umweltverschmutzung – Wassermangel in Afrika – Tierschutz?

2. Vergleicht eure Antworten in der Klasse.

Uno, due, tre, S. 22

1. Kennt ihr noch mehr Zahlen in verschiedenen Sprachen, z. B. Italienisch, Englisch, Polnisch, Türkisch? Vergleicht.

2. Fällt es dir leicht, Gedichte vorzulesen? Macht es dir Spaß? Begründet eure Meinung. Überlegt, wie ihr euch verbessern könnt. Lest dazu auch die Seite „Lautes Lesen mit einem Partner", S. 186.

Prometheus

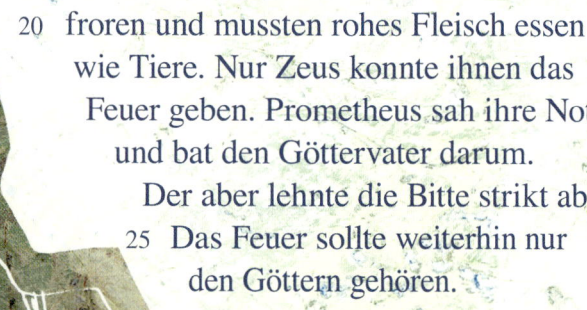

1 Über Griechenlands Himmel und Erde herrschte einst
Zeus, der mächtigste aller Götter. Er hatte seine Verwandten,
die Titanen*, besiegt und vom Gottesthron gestoßen.
Zeus wählte den höchsten Berg in Griechenland, den Olymp,
5 zu seinem Sitz. Die anderen Götter folgten ihm dahin.
Die Erde unten war für sie nicht interessant. Es gab dort nur Pflanzen
und Tiere, die so vor sich hin lebten.
Prometheus, ein Titanen-Sohn, sah das anders. „Auf der Erde fehlen Lebewesen, die Verstand haben, ähnlich wie die Götter", dachte er für sich.
10 „Lebewesen, die sich über die Natur freuen, sich darum kümmern und
sie gestalten." Ohne Zeus zu fragen, ging Prometheus ans Werk und erschuf
solche Lebewesen – die Menschen. Er formte sie aus Lehm nach dem Ebenbild
der Götter. Von den Tieren nahm er gute und böse Eigenschaften –
zum Beispiel die Klugheit vom Hund, den Mut vom Löwen, aber auch die List
15 vom Fuchs und die Wildheit vom Stier. Die vermischte er und gab jedem
Menschen davon. Zum Schluss half ihm seine Freundin Athene, die Göttin
der Weisheit. Sie hauchte den Menschen Leben und Verstand ein.

Prometheus war sehr stolz auf seine Geschöpfe** und zeigte ihnen alles, was sie
für ein gutes Leben brauchten. Eines jedoch fehlte: das Feuer. Die Menschen
20 froren und mussten rohes Fleisch essen
wie Tiere. Nur Zeus konnte ihnen das
Feuer geben. Prometheus sah ihre Not
und bat den Göttervater darum.
Der aber lehnte die Bitte strikt ab.
25 Das Feuer sollte weiterhin nur
den Göttern gehören.

* Titanen: Riesen in Menschengestalt
** Geschöpfe: Lebewesen (Mensch, Tier oder Pflanze)

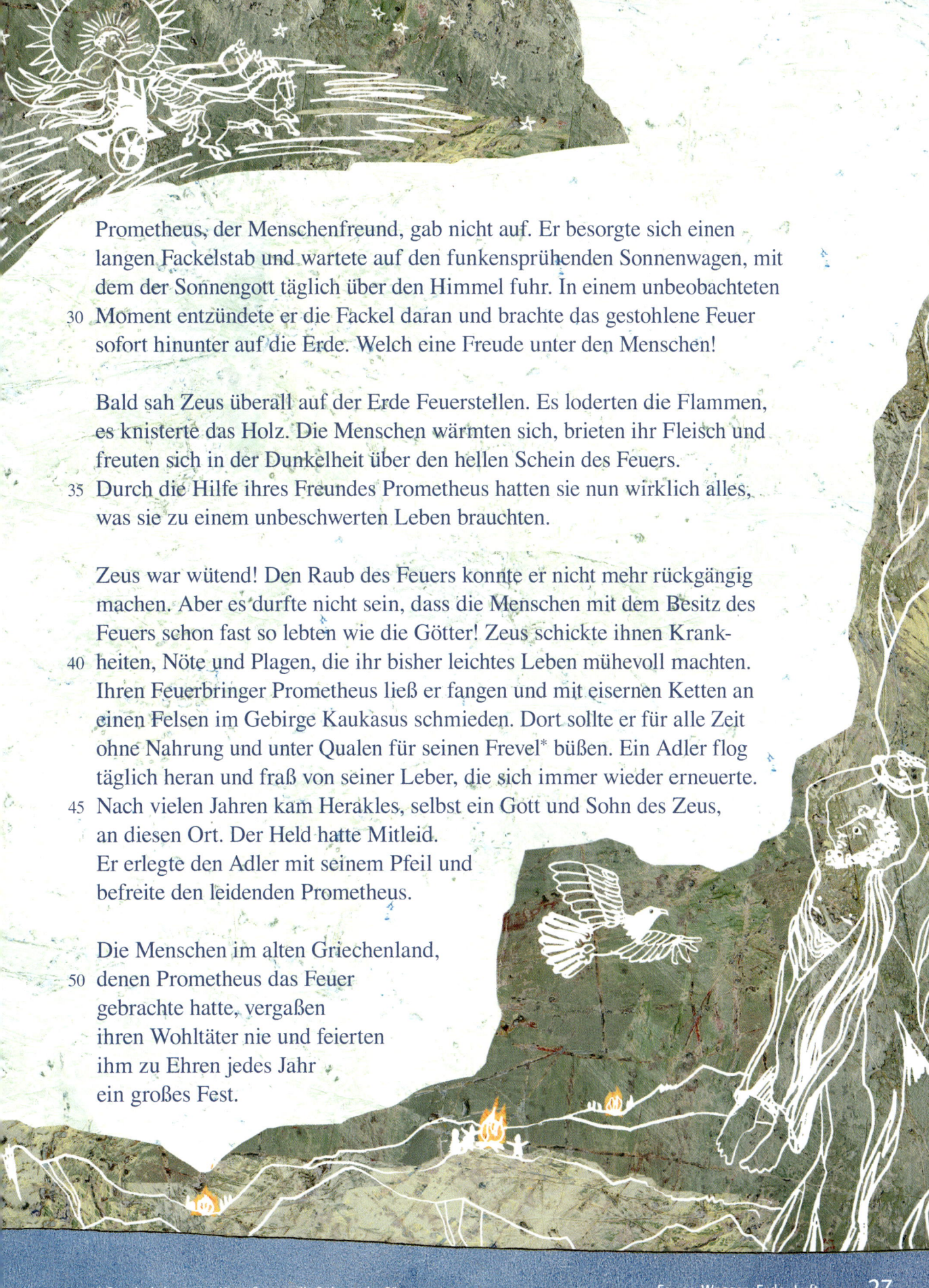

Prometheus, der Menschenfreund, gab nicht auf. Er besorgte sich einen
langen Fackelstab und wartete auf den funkensprühenden Sonnenwagen, mit
dem der Sonnengott täglich über den Himmel fuhr. In einem unbeobachteten
30 Moment entzündete er die Fackel daran und brachte das gestohlene Feuer
sofort hinunter auf die Erde. Welch eine Freude unter den Menschen!

Bald sah Zeus überall auf der Erde Feuerstellen. Es loderten die Flammen,
es knisterte das Holz. Die Menschen wärmten sich, brieten ihr Fleisch und
freuten sich in der Dunkelheit über den hellen Schein des Feuers.
35 Durch die Hilfe ihres Freundes Prometheus hatten sie nun wirklich alles,
was sie zu einem unbeschwerten Leben brauchten.

Zeus war wütend! Den Raub des Feuers konnte er nicht mehr rückgängig
machen. Aber es durfte nicht sein, dass die Menschen mit dem Besitz des
Feuers schon fast so lebten wie die Götter! Zeus schickte ihnen Krank-
40 heiten, Nöte und Plagen, die ihr bisher leichtes Leben mühevoll machten.
Ihren Feuerbringer Prometheus ließ er fangen und mit eisernen Ketten an
einen Felsen im Gebirge Kaukasus schmieden. Dort sollte er für alle Zeit
ohne Nahrung und unter Qualen für seinen Frevel* büßen. Ein Adler flog
täglich heran und fraß von seiner Leber, die sich immer wieder erneuerte.
45 Nach vielen Jahren kam Herakles, selbst ein Gott und Sohn des Zeus,
an diesen Ort. Der Held hatte Mitleid.
Er erlegte den Adler mit seinem Pfeil und
befreite den leidenden Prometheus.

Die Menschen im alten Griechenland,
50 denen Prometheus das Feuer
gebrachte hatte, vergaßen
ihren Wohltäter nie und feierten
ihm zu Ehren jedes Jahr
ein großes Fest.

---

* Frevel: ein bewusster Verstoß gegen die Ordnung der Götter

Der Stein der Weisen

Wie ist die Welt entstanden?

1 Seit Urzeiten denken die Menschen darüber nach.
Zuerst erzählten die *Priester* Geschichten über
die Entstehung der Welt. Nach Erfindung der Schrift
wurden diese Erzählungen aufgeschrieben.

5 In der Bibel steht eine solche Geschichte.
Sie ist etwa 3 000 Jahre alt und erzählt,
wie Gott die ganze Erde und den Menschen
in sieben Tagen erschaffen hat.

Woraus besteht die Erde?

Darüber machten sich *Philosophen* Gedanken.

10 Philosophen sind Menschen, die über
das Leben und die Welt nachdenken.
Vor 2 300 Jahren behauptete der berühmte
griechische Philosoph Aristoteles, dass alles
in der Welt aus vier Elementen zusammen-

15 gesetzt ist: Feuer, Wasser, Erde, Luft.
Die Menschen glaubten sehr lang daran.

Auf der Suche nach dem „Stein der Weisen"

Vor ungefähr 800 Jahren begannen Gelehrte
die verschiedenen Stoffe genauer zu untersuchen
und Versuche im Labor durchzuführen.

20 Man nannte die Naturgelehrten *Alchemisten*.
Ihr Ziel war es, den „Stein der Weisen" zu finden –
ein geheimnisvolles Pulver, das einen Stoff in einen
anderen umwandeln kann. Die Ärzte hofften, damit
ein Allheilmittel gegen Krankheiten zu gewinnen.

25 Der „Stein der Weisen" wurde zwar nicht gefunden,
aber man lernte immer mehr über die Natur der Stoffe.

So zum Beispiel Johann Friedrich Böttger: Mit einem Trick war
es ihm gelungen, die Umwandlung von 15 silbernen Groschen
in goldene vorzutäuschen. August der Starke, Kurfürst
30 von Sachsen, nahm ihn gefangen. In Dresden sollte er
„Gold machen", was natürlich nicht gelang.
Aber Böttger erfand etwas anderes:
die Herstellung von Porzellan,
des „weißen Goldes". Im Jahr 1710
35 wurde die Porzellanmanufaktur*
in Meißen gegründet.

Das Zeitalter der modernen Chemie

Mit einem wichtigen Experiment begann vor 250 Jahren
das Zeitalter der modernen Chemie**. *Wissenschaftler*
leiteten Wasserdampf durch ein glühendes Eisenrohr.
40 Der Sauerstoff aus dem Wasser verband sich mit
dem glühenden Eisen im Inneren des Rohrs zu Rost.
Zudem setzte sich Wasserstoffgas frei.

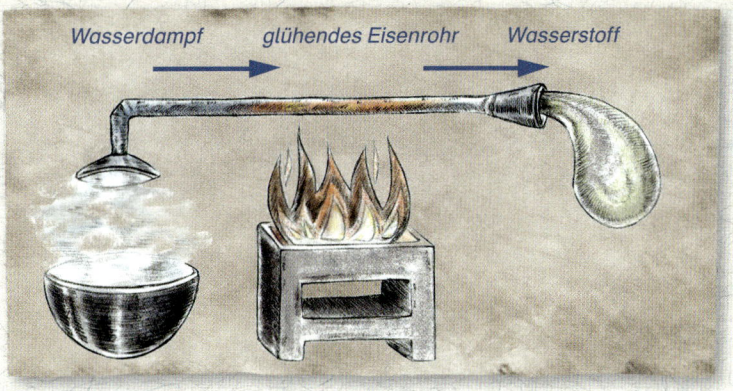

Wasserdampf glühendes Eisenrohr Wasserstoff

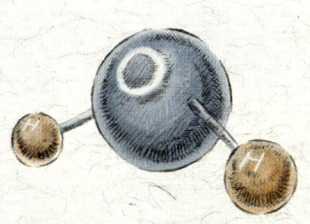

Das Experiment zeigte, dass Wasser aus zwei weiteren
Elementen zusammengesetzt ist: Sauerstoff und Wasserstoff.
45 Heute weiß man, dass es etwas mehr als 90 Elemente gibt.
Im Chemieunterricht werdet ihr sie näher kennenlernen.

* Manufaktur: kleiner Betrieb, in dem die Produkte von Hand gefertigt werden
** Chemie: eine Naturwissenschaft, die Stoffe untersucht und ihre Eigenschaften beschreibt

Feuer – Naturgewalt aus der Tiefe der Erde

1 Der Vesuv ist ein Vulkan in Italien. Die Touristen, die nach Neapel reisen, besuchen nicht
nur den Vesuv, sondern auch die freigelegten Ruinen der alten Römerstadt Pompeji in
seiner Nähe. Sie werden durch das Gewirr der Straßen geführt und erfahren, wie die
Menschen hier früher gelebt haben – vor dem großen Vulkanausbruch.
5 Was war geschehen? Es begann im Jahr 79 n. Chr., am 24. August, 10 Uhr früh.

Auf den vielen Straßen von Pompeji herrscht geschäftiges Treiben. Auf dem
großen Marktplatz haben Gemüsehändler ihre Stände aufgebaut. Aber etwas
scheint in der Luft zu liegen. Die Tiere sind unruhiger als sonst. Ein Hund bellt
grundlos. Ein Esel wirft den Karren um, den er ziehen soll. Tauben flattern
10 aufgeregt in den Käfigen. Am Hang des Vesuvs entdeckt ein Bauer eine
merkwürdige Wölbung im Boden. Als auch noch die Erde unter seinen
Füßen zu beben beginnt, läuft er erschrocken in die Stadt hinunter. Noch
lässt sich niemand von seiner Beobachtung beunruhigen.
Aber eine Stunde später, etwa um die Mittagszeit, wird die Stadt
15 von einer ohrenbetäubenden Explosion erschüttert. Alle laufen
aus den Häusern und starren gebannt zum Vesuv. Aus dem Gip-
fel des Berges schießt eine gewaltige schwarze Rauchsäule in
den Himmel. Niemand hat gedacht, dass der Berg Vesuv ein
Vulkan ist. Einige ältere Einwohner erinnern sich an das letz-
20 te Erdbeben vor 17 Jahren und haben Angst um ihre Häuser
und ihren Besitz. Kurze Zeit später treibt der warme Wind
die Aschewolke genau auf die Stadt zu. Kleine Bimsstein-
brocken regnen auf die Straßen. Die Menschen schützen
sicherheitshalber ihren Kopf. Kinder schlittern über die
25 rutschigen Gehwege.

Der Vulkanausbruch wird heftiger. Der Rauchpilz türmt sich immer mächtiger auf. Blitze zucken durch die große Wolke und verstärken das Grollen. Fast einen ganzen Tag dauert der Regen aus Asche und Bimssteinen. Der Boden ist jetzt schon einen Meter hoch bedeckt. Viele Dächer sind unter der Last eingestürzt.

30 Panik bricht aus.

Die Leute binden sich Kissen auf den Kopf, um sich vor herabfallenden Felsbrocken zu schützen, und flüchten aus der Stadt zum Meer hin. Wagen und Karren versinken mit den Rädern in der Asche und werden zurückgelassen. Ein vergessener Hund zerrt verzweifelt an der Kette. Der Wachtposten vor

35 dem Tempel wagt nicht, sich von seinem Platz ohne Befehl zu entfernen. Einige Bewohner haben Angst, die Stadt zu verlassen, und beten im Tempel, dass die Katastrophe bald ein Ende hat.

Am nächsten Tag ist die Sonne nicht zu sehen. Dann erschüttert eine weitere Explosion die ganze Gegend. Der Vulkan spuckt eine

40 glühend heiße Wolke aus. Sie wälzt sich wie eine Lawine den Hang herab, gerade auf Pompeji zu. Die wenigen Menschen, die noch da sind, werden von der heißen Luft zu Boden gerissen. Die Druckwelle bringt die Säulen des Tempels zum Einsturz. Eine riesige Walze aus heißer Asche, Gas und Gesteins-

45 brocken rast über die Stadt hinweg.

Pompeji ist zerstört. Wo früher eine Stadt mit 20 000 Menschen war, ist nun nichts als tote Aschewüste.

Waris Dirie
Ich war ein Hirtenmädchen

1 Waris Dirie, geboren 1965, floh im Alter von
13 Jahren aus ihrer Heimat Somalia in Ostafrika.
Heute lebt sie in Österreich. In ihrem Buch
„Wüstenblume" beschreibt sie ihr Leben.
5 Sie erzählt darin auch von ihrer Kindheit als Hirtenmädchen und von der täglichen
Suche nach Wasser in diesem trockenen afrikanischen Land.

Die Familien in Somalia sind kinderreich und jedes Kind hat seine kleinere
oder größere Aufgabe und Arbeit. Der Alltag wird leichter, je mehr Menschen
sich die Arbeit teilen. Kinder hüten zum Beispiel die Ziegenherde, das ist eine
10 wichtige Aufgabe. Viel wichtiger jedoch ist es, Wasserquellen zu finden.
Das Leben der Menschen und der Tiere hängt davon ab. Die Suche
nach Wasser ist harte Arbeit.

Waris Dirie erzählt

Wenn die Gegend um uns herum austrocknete, ging mein Vater auf die
15 Suche nach trinkbarem Wasser für uns. Er band riesige Beutel, die unsere
Mutter aus Gras geflochten hatte, auf die Kamele. Dann brach er auf und
blieb oft tagelang fort, bis er auf Wasser stieß. Mit gefüllten Beuteln kehrte er
zu uns zurück. Zwar versuchten wir, an dem Lagerplatz, von dem er
ausgeritten war, so lange zu bleiben, bis er wiederkam. Aber das wurde
20 immer schwieriger, je länger er wegblieb. Denn wir mussten jeden Tag
kilometerlange Wege zurücklegen, um die Herden zu tränken. Manchmal
zogen wir auch ohne ihn weiter, aber er fand uns immer, obwohl es weder
Straßen noch Wegweiser oder Landkarten gab.
Wenn mein Vater nicht da war, weil er in einem weit entfernten Dorf Lebens-
25 mittel besorgte, musste eines der Kinder seine Aufgabe übernehmen und
auf Wassersuche gehen.

Ich wanderte tagelang umher, bis ich irgendwann Wasser fand, denn ohne
Wasser durfte ich nicht zurückkehren. Wenn meine Mutter mir auftrug,
Wasser zu finden, hatte ich welches zu finden. Ich durfte nicht mit leeren
30 Händen heimkommen, denn Wasser war lebensnotwendig. Ich musste
so lange weitersuchen, bis ich etwas fand.
Als ich nach Europa kam, wunderte ich mich immer, wenn jemand klagte:
„Ich kann nicht arbeiten, ich habe solche Kopfschmerzen." Am liebsten
hätte ich darauf geantwortet: „Du solltest einmal in Somalia auf Wassersuche
35 gehen, dann wirst du dich nie wieder über deine Aufgabe hier beschweren."

nach Waris Dirie

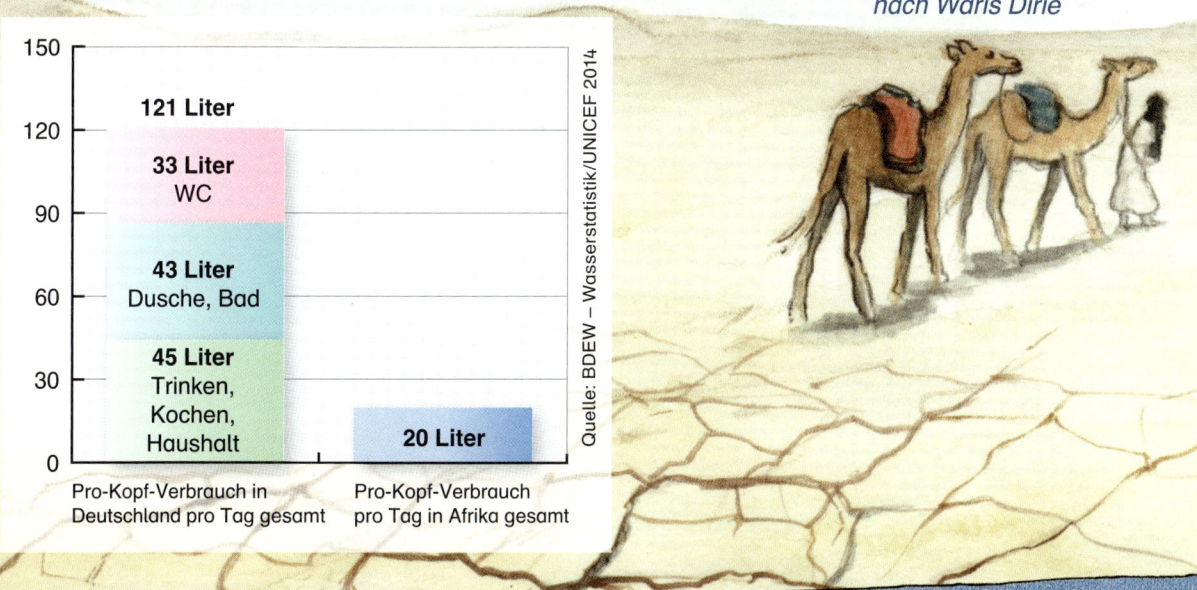

150 | 121 Liter
120 |
33 Liter
WC
90 |
43 Liter
Dusche, Bad
60 |
45 Liter
Trinken,
Kochen,
30 | Haushalt
20 Liter
0 |
Pro-Kopf-Verbrauch in
Deutschland pro Tag gesamt

Pro-Kopf-Verbrauch
pro Tag in Afrika gesamt

Quelle: BDEW – Wasserstatistik/UNICEF 2014

Die Kraft des Windes

1 Vor mehreren Tausend Jahren lernten die Menschen, die Kraft des Windes für
sich zu gebrauchen. Der Wind war Antrieb für Flöße, Boote und Schiffe. Sie waren mit Segeln ausgerüstet und fuhren auf Flüssen, auf Seen und auf dem Meer.

Vor etwa 1 000 Jahren begann man, die Kraft des Windes auch „über Land"
5 einzufangen. In ebenen Gebieten, z.B. in Norddeutschland oder Holland,
wurden Windmühlen gebaut. Händler hatten sie auf ihren Reisen in die Mittel-
meerländer kennengelernt und davon erzählt. Windmühlen als „Antriebsmaschi-
nen" wurden vielfältig eingesetzt: zum Mahlen von Getreide, zum Pumpen von
Wasser, zum Bohren und Sägen von Holz, zum Hämmern und Schmieden von
10 Eisen und zum Schleifen von Schwertern und Messern. In der holländischen
Stadt Amsterdam drehten sich vor 300 Jahren ungefähr 500 Windmühlenräder.

Vor 200 Jahren wurde die Dampfmaschine erfunden. Damit begann ein großes
„Mühlensterben". Dampfmaschinen, die mit Kohle beheizt wurden, ersetzten
die Windräder. Die durch Dampf erzeugte Kraft war viel stärker und unabhängig
15 von der Laune des Windes.
Es gab immer weniger kleine Mühlenbetriebe, stattdessen entstanden Fabriken.
Dampfschiffe ersetzten die großen Segelschiffe, Züge mit Dampflokomotiven
wurden zum wichtigsten Verkehrsmittel auf langen Strecken.

Das Verschwinden der Windmühlen veränderte die Landschaft.
20 „Die Gegend wird so kahl", bedauerte ein Mann im Jahr 1913,
denn nur vier von einst zehn Mühlen in seiner Gegend standen noch.
Das Bild der Städte war beherrscht von den hohen, qualmenden
Schornsteinen der Fabriken.

Bedeutete das Verschwinden der Windmühlen auch das Aus für die Nutzung der Windkraft?

Lange Zeit schien es so zu sein.

25 Der elektrische Strom, den man für Fabriken und Haushalte brauchte, wurde in Kraftwerken mit den Brennstoffen Kohle, Erdgas und vor allem Erdöl erzeugt. Mit den neuen Antriebsmitteln ergaben sich aber auch neue Probleme: Die Abgase schädigen

30 die Umwelt. Der Transport von Erdöl ist teuer. Unfälle von Erdöltankern und Ölplattformen verschmutzen das Meer und gefährden Meerespflanzen und Meerestiere – eine wichtige Nahrungsquelle für die Menschheit. Außerdem zeigte sich vor etwa 40 Jah-

35 ren, dass Erdöl nicht unbegrenzt zur Verfügung steht. Weltweit wurden andere Möglichkeiten der Energieerzeugung gesucht.
Damit begann eine neue Zeit für die Windräder. Der Wind wurde nun nicht mehr zum Mahlen

40 von Mehl, sondern zur Stromerzeugung genutzt. Es wurden auch viele Atomkraftwerke gebaut. Man unterschätzte die Gefahr, dass es zu einem katastrophalen Unfall kommen könnte.

Können Windkraftanlagen genug Strom erzeugen?

Im Jahr 2009 kam eine Untersuchung der berühm-

45 ten Harvard-Universität in den USA zu dem Schluss, dass die Windenergie bei Weitem ausreichen würde, um alle Menschen der Welt mit Strom zu versorgen. Außerdem wird Wind nicht knapp: Er war schon immer da und kann nicht „verbraucht" werden.

50 Allerdings müssen Stromspeicher und Stromleitungen gebaut werden, damit die Energie von den windreichen zu den windarmen Gegenden transportiert werden kann.

Sind Windräder gefährlich?

Windkraftanlagen sind ungefährlich. Windräder können durch Blitzschlag
55 oder durch Orkane* beschädigt werden. Teile können herabstürzen. Doch
das kommt sehr selten vor. Da sie auf freiem Feld oder im Meer stehen, wird
dadurch niemand verletzt. Große Vögel fliegen sehr selten in den Rotor** einer
Windkraftanlage, viel seltener als zum Beispiel in Leitungen von Strommasten.

Stören Windräder in der Landschaft?

Windräder sind sehr hohe Bauwerke. Sie verändern das Bild einer Land-
60 schaft, wie es auch Fabriken, Hochhäuser oder Straßen getan haben.
Auch wenn einem Windräder nicht gefallen, kann man durch sie doch
Strom erzeugen, ohne der Umwelt zu schaden, denn es entsteht kein Müll
bei der Stromgewinnung.

Sind Windräder laut?

Windkraftanlagen verursachen Geräusche. Aber ein Gesetz regelt, wie weit
65 ein Windrad von Häusern entfernt sein muss, damit die Geräusche nicht
stören. Tiere gewöhnen sich sehr rasch daran. Rehe und Hasen halten sich
schon nach kurzer Zeit wieder in unmittelbarer Nähe auf.

Wie funktioniert eine Windkraftanlage?

Der Wind versetzt die Flügel eines Windrades in Drehung. Mit der Achse
des Rades ist eine Maschine verbunden, die wie ein Dynamo am Fahrrad
70 elektrischen Strom erzeugt – aber sehr viel mehr! Die Windräder werden
wie ehemals die Windmühlen zum Wind hin gedreht. Das besorgt aber nicht
mehr der „Windmüller", sondern eine automatische Steuerung per Computer.
Ist die Windgeschwindigkeit zu hoch, schaltet der Computer das Windrad ab,
damit es nicht beschädigt wird.

*   Orkan: starker Sturm
** Rotor: Teil einer Maschine, der sich dreht (rotiert)

Elektrizität aus Windkraft

75 Eine scherzhafte Redewendung lautet: „Der Strom kommt aus der Steckdose."
Doch so einfach ist es natürlich nicht. Woher kommt also der Strom?
In Deutschland gibt es „Stromfabriken", die den Strom in Kraftwerken gewinnen
und ihn über Leitungen zu ihren Kunden schicken. In einem Kraftwerk wird
Wasser erhitzt. Der Wasserdampf treibt Turbinen an, die dann Strom erzeugen.
80 Unsere moderne Welt kommt zum Stillstand, wenn der Strom einmal ausfällt.

Das Schaubild gibt dir eine Vorstellung davon, wie groß der Anteil des Strom-
verbrauchs für die einzelnen Bereiche im Haushalt ist.
Stelle dir hierfür einen Kreis mit hundert gleich großen Stücken vor.
100 Stromeinheiten umfasst der Kreis insgesamt. 9 von 100 Stromeinheiten
85 werden für Licht verbraucht, 11 von 100 Stromeinheiten beim Kochen.

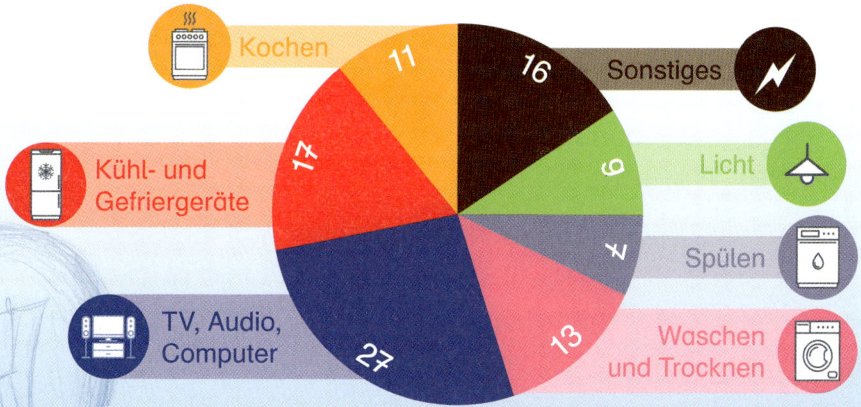

Kochen — 11 · 16 Sonstiges · 9 Licht · 4 Spülen · 13 Waschen und Trocknen · 27 TV, Audio, Computer · 17 Kühl- und Gefriergeräte

Quelle: BMUB – Stromspiegel 2016

Feuer, Wasser, Erde, Luft – mit Texten umgehen

Prometheus, S. 26/27

1. Woran erkennst du, dass es sich
   bei diesem Text um eine Sage handelt? Begründe.
   Fachwörter wie Textarten findest du auf S. 190/191 erklärt.

2. Nach dem Sieg über die Titanen wählt Zeus einen neuen Ort
   für seinen Thron. Wo liegt dieser Ort? Wie wird er genannt?
   Informiere dich auch im Internet oder in Büchern darüber.

3. Schreibe in Stichwörtern heraus, wie Prometheus nach dieser Sage
   die Menschen erschaffen hat. Beachte Lesetipp 3.
   Auf S. 179 findest du zusätzliche Hilfe für deine Stichwortsammlung.

 4. Warum ist Zeus wütend? Sprecht in der Klasse darüber.

Lesen und informieren – 1
Lies den Text zunächst ganz durch. Wenn du etwas nicht verstehst,
frage oder schlage nach. Schreibe erst beim zweiten Lesen
die Stichwörter untereinander auf. Denke dabei an die Fragen:
Wer macht **was**, **wann**, **wo**, **wie** und **warum**?

Der Stein der Weisen, S. 28/29

 1. Vor dem Lesen: Lest die Überschrift und betrachtet die Bilder.
   Was könnte mit dem „Stein der Weisen" gemeint sein?

2. Nach dem Lesen: Welche Wirkung wird dem „Stein der Weisen"
   zugesprochen? Tauscht euch aus.

 3. Bildet Gruppen zu vier Schülern.
   Ordnet „Alchemist", „Philosoph", „Priester",
   „Wissenschaftler" den folgenden Abschnitten zu:
   Zeile 1 – 8/Zeile 9 – 16/Zeile 17 – 36/Zeile 37 – 46.

4. Womit beschäftigen sie sich jeweils? Jeder in der Gruppe fasst
   einen Abschnitt für die anderen in Stichwörtern zusammen.

 5. War es leicht oder schwer, den Text zu verstehen?
   Sprecht darüber in der Klasse und begründet eure Meinung.
   Überlegt auch, was euch hilft, den Text besser zu verstehen.

Feuer – Naturgewalt aus der Tiefe der Erde, S. 30/31

 1. Lest den Text von Zeile 1 – 13. Welche Anzeichen wurden von den Menschen vor dem Vulkanausbruch nicht beachtet? Schreibt Stichwörter auf und berichtet von den Geschehnissen.

2. Wie erfolgt der Vulkanausbruch? Sammelt Stichwörter an der Tafel.

3. Welche Gedanken und Gefühle haben die Einwohner von Pompeji mit Ausbruch des Vulkans? Schreibe kurze Sätze.

Waris Dirie: Ich war ein Hirtenmädchen, S. 32/33

 1. a) Somalia ist eines der ärmsten Länder Afrikas. Welche Aufgaben müssen die Kinder der Hirten übernehmen?

b) Schaue dir mit einem Partner das Schaubild an und vergleicht die Angaben zu Deutschland und Afrika.

c) Sprecht in der Klasse über Möglichkeiten, Wasser zu sparen.

2. Informiere dich im Internet über das Land Somalia.

Die Kraft des Windes, S. 34 – 37

 1. a) Vor dem Lesen: Lies die Überschrift und betrachte die Fotos und Bilder. Vermute, worum es in dem Text geht.

b) Bildet Kleingruppen. Tauscht euch aus, was ihr schon über das Thema wisst und was ihr vom Text erwartet.

c) Nach dem Lesen: Vergleicht eure Vermutungen vor dem Lesen mit dem Inhalt des Textes. Gibt es Übereinstimmungen? Hat der Text eure Erwartungen erfüllt? Was habt ihr Neues erfahren? Begründet eure Aussagen anhand von Textstellen.

2. Finde Überschriften zu den einzelnen Abschnitten: Zeile 1 – 3 / Zeile 4 – 11 / Zeile 12 – 18 / 19 – 23.

3. Beantworte die fett gedruckten Fragen auf S. 35 und 36 mit eigenen Worten. Schreibe einen Stichwortzettel und halte einen Vortrag vor der Klasse. Auf S. 178 findest du Hilfen.

 4. Warum ist Strom für uns so wichtig? Wofür wird er gebraucht? Sprecht darüber und vergleicht die Angaben im Schaubild.

Zwei Augenbrauen sind besser als eine!

1 Mam saß auf dem Rand der Badewanne, betrachtete die rosa Tube in ihrer Hand
und machte „tse-tse". Als ob sie sich fragte, seit wann ihre Tochter so dämlich war.
Ich stellte fest, dass es ziemlich blöd war, zehn Jahre alt zu sein.

„Ich kann nicht glauben, dass du das getan hast, Indie", seufzte Mam und machte schon
5 wieder „tse-tse". Okay, zwei Augenbrauen sind besser als eine, aber musste Mam mir
deshalb zu verstehen geben, dass ich ein dummes Kind war?
„Ich wusste doch nicht, dass es Haarentfernungscreme ist!", murmelte ich durch
himmelblauen Seifenschaum und beseitigte die Reste der Creme, bevor noch mehr
von meiner Augenbraue verschwand.
10 „Indie", seufzte Mam, „es spielt keine Rolle, ob es Gesichtscreme oder Haarentfernungscreme
war. Der Punkt ist, dass du nicht an Sachen anderer Leute gehen sollst, ohne sie um Erlaubnis
zu bitten." „Kati war nicht da, also konnte ich sie nicht fragen!", nuschelte ich.
„Indie, Kati ist bei uns zu Gast. Was du getan hast, war unhöflich."
Ich habe meine Mam wirklich sehr gern, aber sie benahm sich wie eine … Mutter
15 und gab mir das Gefühl, ein Baby zu sein.

„Hi zusammen!", sagte jemand an der Badezimmertür. Es war Kati. Sie sah heute
mega-obercool aus. Sie trug einen funkelnden Stein in ihrer gepiercten Nase und ein T-Shirt,
auf dem stand: **Ich bin schüchtern, aber keiner weiß es!** Außerdem hatte sie einen
Minirock und ihre lila Turnschuhe an. „Hi, wie war der Film?", antwortete ich, in der Hoffnung,
20 dass Kati nicht fragen würde, was los war. „Er war gut. Es ging um Dinos aus dem All",
sagte Kati und fügte hinzu: „Na … und was ist hier los?"

Ka-wum, mit einem Schlag war mir schwummerig. „Tut-mir-leid-Kati-ich-hab-irgendwie-
was-von-deinem-Zeug-ausprobiert …" Ich traute mich nicht, Kati in die Augen zu sehen.
„Hä? Was für ein Zeug?", hörte ich sie fragen. Da Kati nicht verärgert klang, riskierte ich einen
25 Blick und sah, dass gerade eine riesenhafte pinkfarbene Kaugummiblase aus ihrem Mund kam.
„Äh … ich hab deine Gesichtscreme ausprobiert, die gar keine war", blubberte ich. Mam hielt
die Haarentfernungscreme hoch.
„Uuups", sagte Kati und saugte den Kaugummi wieder ein. „Also, Kid" (sie nannte mich
immer Kid), „mach dir nichts draus. Ich hab mir mal mit dem elektrischen Rasierapparat
30 von meinem Vater einen ganzen Batzen Haare abrasiert, direkt über dem Ohr."
„Oje!", entfuhr es Mam. „Aber da warst du sicher noch ein kleines Mädchen.
Indie ist schon zehn und sollte es besser wissen." „Nein, ich war siebzehn",
antwortete Kati und lehnte sich lässig an den Türrahmen. „Wie dem auch sei",
sagte Mam, „Indie muss sich bei dir entschuldigen."
35 „Äh, ja, 'tschuldigung …", stammelte ich. „Halb so wild", sagte Kati, „das stört mich nicht,
Indie!" Ein Hoch auf Kati. Sie war zwar erwachsen, aber auch lässig und cool.
Ich beschloss, dass es Zeit war für CSWEE (Cool sein wie ein Erwachsener).
Und als Erstes würde ich üben müssen, große pinkfarbene Blasen zu machen.

Karen McCombie

Das geht Frau Neugebauer überhaupt nichts an

1 „He, pass doch auf! Beinah hättest du meine Kuh umgeworfen!",
ruft Anne, als Hannes ins Kinderzimmer stürmt.
„Selber Kuh!", brummelt Hannes.
„Und wenn jetzt ein Bein abgebrochen wäre?", sagt Anne.
5 „Du sollst sowieso nicht auf dieser Seite spielen.
Dies ist *meine* Seite vom Zimmer", antwortet Hannes.
„Mann, du bist vielleicht schlecht gelaunt!", ruft Anne.
„Hat dich der Lehrer geärgert?"
„Nein!"
10 „Die anderen Kinder der Schule?"
„Quatsch!"
„Wer denn dann?"
„Die Mama."
„Die Mama! Unsere Mama?" Anna wird neugierig, hört auf zu spielen
15 und setzt sich neben Hannes aufs Bett. „Was hat sie denn gemacht?
Erzähl doch mal!"
Erst will Hannes nicht, aber als Anne weiter drängt, sagt er zögernd:
„Sie hat sich mit Frau Neugebauer unterhalten."

Anne ist richtig enttäuscht. Sie hat wohl etwas ganz Grässliches erwartet.
20 „Das ist alles?", fragt sie. „Was soll denn daran so schlimm sein?"
„Siehst du, du verstehst überhaupt nichts. Ich hab's ja gleich gewusst."
Hannes ist sauer. „Du bist eben noch zu klein."
„Du kannst es mir ja erklären", meint Anne. „Darf sie sich denn nicht
unterhalten?"
25 „Sie soll sich ja ruhig unterhalten. Aber nicht über mich. Und schon gar
nicht, wenn ich dabei bin. Und das *hat* sie", erklärt Hannes.
„Ach so. Haben sie über mich auch etwas gesagt?", will Anne wissen.
„Bestimmt! Ich hab's zwar nicht gehört. Aber bestimmt haben sie
über dich auch geredet."
30 „Was denn?" Anne ist ganz gespannt.
„Vielleicht, dass du immer so spät aus dem Kindergarten kommst …"
„Das ist ja gemein!", ruft Anne.
„… oder dass du neulich ins Bett gemacht hast …"

„Das ist ja ganz, ganz gemein, dass Mama das weitersagt", ruft Anne
35 wütend. „Das war doch nur, weil ich geträumt habe, ich sitze auf dem Klo,
und da …"
Hannes unterbricht sie. „Vielleicht hat sie es ja auch gar nicht gesagt.
Ich hab dir doch gerade erklärt, dass ich nicht gehört habe, was sie über
dich erzählt hat. Ich habe nur gehört, wie sie sich über mich unterhalten
40 haben."
„Was hat Mama denn über dich erzählt?"
„Als ich die Treppe hochkam, hat sie sich mit Frau Neugebauer unterhalten.
Ich hab noch gehört, wie sie ihr das von dem Diktat mit neununddreißig
Fehlern erzählt hat. ‚Das wäre jetzt mein absoluter Rekord', hat sie gesagt."
45 „So was!", sagt Anne mitfühlend. „Das ist aber nicht nett von Mama."
„Das finde ich auch! Das geht Frau Neugebauer überhaupt nichts an",
sagt Hannes und setzt sich auf. Er findet es tröstlich, dass seine Schwester
ihn versteht.
„Und weißt du, was Frau Neugebauer zu mir gesagt hat, als ich an ihr
50 vorbeiging? ‚Na, Hannes, was hört man da von dir? Neununddreißig Fehler!
Was hat denn dein Vater dazu gesagt? Da musst du dich aber ganz schön
auf den Hosenboden setzen, öfter mal in die Bücher schauen, was?'
Ich hab gar nicht gewusst, was ich antworten soll. Ich bin einfach ganz
schnell vorbeigegangen. Und Mama hat auch noch gelacht!"
55 „Richtig gelacht?", fragt Anne ungläubig.
„Na ja, mehr gelächelt", sagt Hannes. „Sie hat gar nicht gemerkt,
wie schlimm ich das fand."

Paul Maar

Die Klassenfahrt

1 Janna lag auf ihrem Bett und schaute an die Zimmerdecke. Immer wieder
musste sie an die bevorstehende Klassenfahrt denken. Schon seit zwei
Wochen diskutierten die Schüler mit dem Klassenlehrer Herrn Kunze
aufgeregt über die Höhe des Taschengeldes, wann in den Zimmern
5 Nachtruhe herrschen sollte und über das Programm der Reise. Ich muss
ihm das jetzt sagen, dachte Janna dann, doch nie fand sie den Mut dazu.

Ein paar Tage vor der Abfahrt war ihre beste Freundin Leonie da und
sie brüteten über den Deutsch-Hausaufgaben. Ganz leise hörte man
das Ticken des Mickey-Maus-Weckers vom Nachttischchen. „Nimmst du
10 das Buch mit den Gespenstergeschichten mit an die Mosel?", fragte Leonie,
rieb sich die Hände und kicherte. „Mensch, Janna, weißt du eigentlich,
dass die Jugendherberge in einer alten Burg ist? Und dann abends
Gespenstergeschichten, das wird fein gruselig. Ich freu' mich schon."
Janna lächelte gequält. „Hey, guck doch nicht so matschig!",
15 Leonie stieß ihrer Freundin den Ellenbogen in die Seite.

Janna sagte sich, jetzt musst du ehrlich sein. Leonie ist deine beste
Freundin, der kannst du nichts vormachen. „Ich komm nicht mit an die
Mosel", flüsterte sie. Leonie klappte die Kinnlade herunter. „Bist du krank
oder so was? Oder ist bei euch einer gestorben?", rief sie. Janna schüttelte
20 den Kopf und sah auf den Fußboden. „Ich fahr nur einfach nicht mit.
Meine Eltern wissen noch nichts davon." Janna drehte das Buch
mit den Gruselgeschichten in ihren Händen. Dann begann sie
zu erzählen. Versuchte Leonie zu erklären, warum sie
solche Angst hatte, ohne ihre Eltern zu verreisen,
25 und dass sie es kaum ertragen konnte, wie sich
alle so auf die Klassenfahrt freuten.
Allen voran die Eltern.

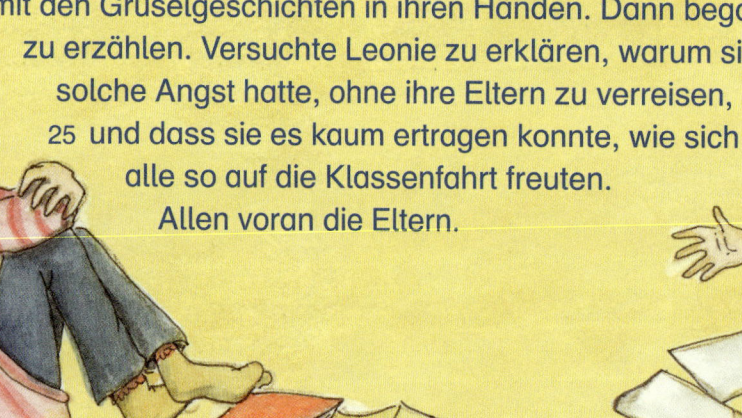

Als sie Leonie schließlich anschaute, warf die den Kopf in den Nacken und lachte laut. „Weißt du was, Janna? Du wirst es nicht glauben,

30 aber mir geht's genauso!"

„Leonie und Heimweh?", dachte Janna. „Dass ich nicht lache." Aber Leonie wurde ernst: „Ehrlich, Janna. Meine Eltern mussten mich schon oft von meiner Cousine abholen, weil ich's vor Heimweh nicht ausgehalten hab. Ich hab nie was davon erzählt, weißt du. Ich sagte mir, irgendwann muss

35 das ja aufhören. Jetzt auf der Klassenfahrt, da sind ja schließlich alle in derselben Situation. Alle wissen, dass wir nicht so schwuppdiwupp nach Hause können. Die anderen überleben das, also werd ich's auch tun. Wir zwei zusammen, wir schaffen das schon!"

Janna wurde unsicher und senkte die Augen. An dem, was Leonie gesagt

40 hatte, war was dran. Und wenn ihre Freundin mit so viel Mut an die Sache heranging, wie sollte sie da einen Rückzieher machen? Plötzlich war ihr bewusst, dass sie in der Klemme saß. Wenn sie nicht mitfuhr, dann ließ sie Leonie im Stich. Ganz klar.

Janna schaute auf.

45 Da hielt Leonie ihr auffordernd die Hand hin. „Schlag ein!" Klatsch!

Sarah Bosse

Tsozos neue Welt

1 Eines Morgens verließ Tsozo mit seinen Eltern die Welt, die er kannte.
Das Dorf, das kleine Haus, den staubigen Fußballplatz, den Fluss, den
Eisverkäufer, seine Großmutter, die Tanten und Onkel und all seine Freunde.
In der neuen Welt war alles neu. Die Wohnung, das Dorf, die Berge,
5 die Pflanzen, die Tiere und die Vögel. Auch das Wetter war anders.
Im Supermarkt gab es immerhin die gleichen Früchte wie zu Hause.
Doch sie schmeckten anders. Weniger süß. Das Allerschlimmste aber war
die neue Sprache. Die Menschen in der neuen Welt verstanden Tsozo nicht,
und er verstand sie nicht.
10 An einem Donnerstag ging Tsozo zum Spielplatz, der um die Ecke war.
Zwei Mädchen und ein Junge spielten Verstecken. Tsozo schaute ihnen zu.
Die Kinder achteten nicht auf ihn. Eine alte Frau spazierte vorbei.
Sie blieb vor ihm stehen und sagte etwas. Doch Tsozo verstand sie nicht.
Tsozo bekam Angst. Er rannte nach Hause und schloss die Tür doppelt ab.
15 „Ich kann hier mit niemandem reden", sagte er abends am Telefon zu seiner
Großmutter. „Ich will nach Hause!" Er begann zu weinen. Seine Großmutter
tröstete ihn. „Deine erste Sprache ist ganz von selbst zu dir gekommen.
Und genauso wird auch die neue Sprache zu dir kommen. Du musst nur
die Augen offen halten, die Ohren spitzen und geduldig sein. Dann wirst du
20 schon verstehen." In den nächsten Tagen dachte Tsozo über die Worte
seiner Großmutter nach. Er stellte sich die neue Sprache wie einen wilden
Mustang vor. Zuerst musste er das Tier an sich gewöhnen. Mit der Zeit
würde er es berühren können und danach zähmen.

Das erste Wort

Am nächsten Tag ging Tsozo wieder zum Spielplatz. Auch die Kinder
25 waren wieder da und spielten Fußball. Tsozo schaute ihnen zu und spitzte
die Ohren. Und nach einer Weile verstand er tatsächlich das erste Wort:
TOR! Einmal flog der Ball weit über das Feld hinaus. Tsozo brachte ihn den
Kindern zurück. Daraufhin durfte er mitspielen. Das war toll. Und so lernte er
Anna, Mia und Noah kennen. Außerdem noch die Wörter **ich**, **du**, **heißen**,
30 **wir**, **zwei**, **Ball** und **Fußball spielen**. Am nächsten Morgen begegnete
Tsozo dem Hausmeister mit seinem Hund. Tsozo sagte: „Hallo." Und:
„Ich Tsozo." Der Mann lachte und sprach mit ihm. Tsozo verstand nicht alles.
Doch er wusste jetzt, dass der Mann Marcel hieß und der Hund Bello.
Auf dem Spielplatz traf er wieder Anna, Mia und Noah. Tsozo sagte: „Hallo!"
35 Die Kinder sagten: „Hallo, Tsozo!" Und: „Komm! Wir gehen spielen."
Tsozo merkte, dass die Kinder oft das sagten, was sie gerade
machten. So lernte er auch die nächsten Wörter kennen:
kommen, **gehen**, **stehen**, **rennen**, **fangen**, **zählen**,
verstecken, **suchen**, **Schaukel**, **Rutschbahn**,
40 **sie**, **er** und **nach Hause**. Am Montag fuhr Tsozo
mit seinem Fahrrad zum Spielplatz.
Er lernte, dass sein Fahrrad **rot** war und dass man
damit **fährt** und nicht geht. Und es kamen noch
andere Wörter dazu. **Himmel**, **blau**, **Sonne**, **gelb**,
45 **Wiese**, **grün**, **Sand**, **braun**, **Sandkasten**, **Schaufel**,
Burg, **bauen**, **Brücke**, **Wasser** und **kaputt**.

Tsozos erstes Abenteuer

Am Dienstag brachten auch Anna, Mia und Noah ihre
Fahrräder mit. Sie fuhren mit Tsozo zur Burgruine
hinauf und besichtigten den **Turm**. Danach sagte Mia:
50 „Jetzt gehen wir einen **Schatz suchen**. Kommt!"
Sie zeigte ihnen den **Geheimgang**. Der dunkle
Eingang lag versteckt hinter einem Gebüsch.
Mia und Anna knipsten ihre Taschenlampen an und
verschwanden im Geheimgang. Dann folgte Noah.
55 Doch Tsozo zögerte. Der Gang machte ihm Angst.

„Tsozo, komm!" rief Noah laut. Vorsichtig ging Tsozo einen kleinen Schritt
vorwärts. Im gleichen Augenblick polterte und krachte es auch schon.
Tsozo rannte schnell ins Freie. Auf einmal war alles ganz still. Als sich der
Staub verzogen hatte, sah Tsozo, dass der Geheimgang eingestürzt war und
60 nun ein großer Steinhaufen davor lag. Tsozo rief die Namen seiner Freunde
so laut er konnte und horchte. Ganz leise hörte er: „**Hilfe**! Tsozo, geh Hilfe
holen!" Schnell raste Tsozo mit seinem Fahrrad ins Dorf hinab.
Dort traf er auf Marcel und Bello. „Hilfe!", rief Tsozo. Er erklärte Marcel in
seiner eigenen Sprache, was passiert war. Doch Marcel verstand ihn nicht.
65 Klar. Tsozo musste es ihm in der neuen Sprache erklären: „Anna, Mia,
Noah, Fahrrad fahren. Burg. Schatz suchen. Geheimgang. Kaputt. Kaputt!!
Hilfe!" Jetzt verstand Marcel und rief die Polizei an. Dann liefen sie zur Ruine
hinauf. Bald waren alle Helfer vor Ort. Mit einem kleinen Bagger
räumten sie Stein um Stein den Geheimgang frei.
70 Nach einer Ewigkeit war der Durchgang so groß,
dass Anna, Noah und Mia gerettet werden
konnten. Anna war ein Stein auf den Arm
gefallen und nun war ihr Knochen gebrochen.
Am nächsten Tag besuchten die Kinder
75 Anna zu Hause. Sie freute sich sehr über
den Besuch. Zusammen aßen sie **Schokolade**
und sprachen über ihr Abenteuer. Tsozo lernte
die Wörter **Gips**, **gebrochen**, **vier Wochen**,
schreiben und **Filzstift**.
80 Das allerwichtigste Wort von allen aber war: **Freunde**.

nach Frank Kauffmann

Bin

so

1 Bin so
so traurig,
dass mir der Kopf
fast vom Hals fällt,
5 dass das Dach
vom Haus fällt,
dass das Haus fällt.

Habe Füße wie
wie in viel zu großen Schuhn,
10 Hände wie
wie in viel zu großen Handschuhn.

Versteh nicht, was da
was gelacht wird ringsherum.
Bin so
15 wie ein Hund,
so traurig
wie ein Huhn,
ein gelbes Suppenhuhn,
ein altes Weißbrot,
20 ein Kuchen, der nicht aufgeht,
nie mehr auf.

Bin so
so traurig,
dass die Tränen nur so
25 an mir herunterlaufen,
immer nur so herunter,
dass das Hemd nass, die Hose nass,
die Haut nass.

Denn das hört
30 denn das hört nie mehr auf,
dass der Kopf mir fast vom Hals,
dass das Dach fällt,
dass das Haus.

Jürg Schubiger

Manchmal fühle ich mich ... – mit Texten umgehen

Zwei Augenbrauen sind besser als eine, S. 40/41

Die Überschrift beachten

In der Überschrift steckt immer ein Hinweis auf das, was im Text wichtig ist. Überlege deshalb vor dem Lesen, was dir die Überschrift sagt. Nach dem Lesen verstehst du den Text besser, wenn du noch einmal an den Hinweis in der Überschrift denkst.

1. Vor dem Lesen: Lies die Überschrift und betrachte die Bilder. Vermute, worum es in der Geschichte geht.

2. Nach dem Lesen: Welche deiner Vermutungen passen zum Text? Hat der Text deine Erwartung erfüllt?

3. a) Beantworte die Fragen erst selbst.
   - Indie hat Pech gehabt. Was ist geschehen?
   - Was wirft die Mutter Indie vor?
   - Warum ist Kati nicht verärgert?

   b) Vergleicht eure Antworten mit einem Partner, dann in der Klasse.

4. Bildet Gruppen und lest den Text in verteilten Rollen: Ich-Erzählerin, Indie, Mam, Kati. Achtet darauf, wer in der Geschichte was sagt oder denkt. Tipps zum Lesen mit verteilten Rollen findet ihr auch auf S. 185.

5. Wähle eine der beiden Aufgaben:
   - Indie bewundert vieles an Kati. Sie schreibt es ihr als Entschuldigung auf ein Schmuckblatt.
   - Wen bewunderst du? Gestalte ein „Fan-Blatt".

Das geht Frau Neugebauer überhaupt nichts an, S. 42/43

1. Worüber ärgert sich Hannes? Schreibt Stichwörter auf.

2. Wie erklärt Hannes seiner Schwester Anne, was ihn ärgert?

3. Stell dir vor, Hannes und Anne sprechen mit ihrer Mutter.
   a) Überlege, wie die Mutter reagieren könnte.

   b) Spielt das Gespräch. Bereitet es in Stichwörtern vor.

   c) Stichwörter können beim Spielen helfen. Warum? Was könntest du tun, damit sie noch hilfreicher werden?

Die Klassenfahrt, S. 44/45

1. Überlegt gemeinsam, warum Janna Kummer hat.

2. Worauf freut sich Leonie?

3. Woran erkennst du, dass Janna und Leonie Freundinnen sind?

4. Bist du schon einmal alleine verreist? Welche Tricks kennst du, damit das Heimweh nicht größer wird? Schreibe sie auf.

 5. Stellt eure Tipps in der Klasse vor und sprecht darüber.

Tsozo, S. 46 – 48

1. Betrachte die Bilder. Wovon könnte die Geschichte handeln?

 2. Worin unterscheiden sich Tsozos alte und neue Welt? Vergleiche mit einem Partner. Stellt eure Ergebnisse in einer Tabelle dar.

Tsozos alte Welt	Tsozos neue Welt
kleines Haus	Wohnung

 3. a) Hast du dich schon einmal so fremd gefühlt wie Tsozo?

b) Sprich mit einem Partner darüber.

c) Willst du deine Geschichte der Klasse erzählen?

4. Welche neuen Wörter wären für dich in einem fremden Land hilfreich, um mit den Einheimischen ins Gespräch zu kommen? Schreibe sie auf.

 5. Tsozo bringt den Ball zurück und die Kinder lassen ihn mitspielen.
a) Sammle Ideen, wie du einem fremden Kind helfen kannst, sich in der neuen Heimat schnell einzuleben.

b) Suche mit einem Partner eure drei besten Ideen aus.

c) Präsentiert eure Ideen in der Klasse.

Bin so, S. 49

 1. Tragt das Gedicht wie eine Theaterszene vor, zu dritt oder zu fünft. Denkt an eure Körpersprache. Beachtet auch Lesetipp 2.

 2. Bewertet die Vorträge und wählt die drei besten aus.

Die Partner	sprechen deutlich.	betonen mit lebendigem Ausdruck.	tragen flüssig vor.	haben Blick-kontakt mit den Zuhörern.	Summe
Anna, Leon, Max	🙂 🙂 🙂	🙂 🙂 🙂	🙂 🙂 🙂	🙂 🙂 🙂	8
Jo, Murat, Lena	🙂 🙂 🙂	🙂 🙂 🙂	🙂 🙂 🙂	🙂 🙂 🙂	11

Parzival und die Ritter der Tafelrunde

1 Der junge Parzival wusste nichts über Ritter. Er lebte mit seiner Mutter,
Königin Herzeleide, auf einem einsamen Gehöft im Wald.
Als er eines Tages allein auf der Jagd war, begegneten ihm drei Ritter
in glänzender Rüstung auf prächtigen Pferden. Ihre Waffen strahlten
5 im Sonnenlicht. Parzival war wie geblendet – das mussten himmlische
Wesen sein! Er fiel vor ihnen auf die Knie und konnte kein Wort sagen.
„Steh auf, Junge, hab keine Angst!", sagte Lancelot, einer der drei Ritter.
„Ihr seht so wunderbar aus", stammelte Parzival. „Seid ihr Engel?"
„Engel?", lachten die Ritter. „Natürlich nicht. Wir sind Menschen.
10 Wir ziehen nach Camelot zur Burg des Königs Artus. Wir sind seine Ritter –
Ritter der großen Tafelrunde!"
„Vielleicht willst du eines Tages auch ein Ritter werden?", sagte Lancelot.
Die beiden anderen lachten.
„Wie wird man Ritter?", fragte Parzival.
15 „Du musst das Abenteuer lieben – und du musst tapfer sein", sagte Lancelot.
„Komm doch selbst nach Camelot, wenn du willst. Dort kannst du König
Artus begegnen", sagte ein anderer Ritter. Dann zogen sie weiter.

Parzival verlor keine Zeit. Er eilte nach Hause und erzählte seiner Mutter
von den prächtigen Rittern. „Ich will auch ein Ritter werden", sagte er.
20 „Ich will nach Camelot reiten. Gleich morgen werde ich aufbrechen."
Herzeleide erblasste und begann zu weinen. „Mein lieber Parzival", sagte
sie, „noch nie habe ich dir davon erzählt – nun muss ich dir alles sagen:
Dein Vater war ein Ritter und deine beiden älteren Brüder waren Ritter.
Sie alle verloren ihr Leben im Kampf. Muss ich dich nun auch verlieren?"
25 Aber alles Reden und Bitten half nicht, sie musste ihn ziehen lassen.

Der Weg nach Camelot war lang. Als es dämmerte,
sah Parzival die Türme der Burg. Vor dem mächtigen
Tor traf er einen Ritter in roter Rüstung auf einem
feurigen Pferd.

30 Parzival grüßte höflich, der Ritter lachte. Er hielt einen goldenen Becher in der Hand: „Du kommst wie gerufen. Bring diesen Becher zu König Artus, er gehört ihm. Danach darfst du dir zur Belohnung etwas wünschen."

Parzival ritt eilig zur Burg, aber die Wächter wollten ihn nicht einlassen. Lancelot bemerkte den Vorfall. Er erkannte den Jungen aus dem Wald und
35 geleitete ihn vor König Artus. Parzival verneigte sich, übergab den goldenen Becher und bat darum, ihn sogleich zum Ritter zu machen. „Erst wenn du die ritterlichen Tugenden* kennst und eine Rüstung und ein Pferd besitzt, kannst du die Ritterschaft erlangen", erwiderte König Artus und schüttelte lächelnd den Kopf.

40 Parzival kehrte zum Roten Ritter zurück und sagte: „Den Becher habe ich König Artus zurückgebracht. Gib mir nun zur Belohnung deine Rüstung und dein Pferd." Dieser maßlose Wunsch erzürnte den Roten Ritter und er stieß Parzival mit einem Fußtritt zu Boden. Das ließ sich Parzival nicht gefallen. In jäher Wut schleuderte er seinen Wurfspieß gegen ihn –
45 tödlich getroffen sank der Rote Ritter vom Pferd.
Parzival nahm sich die Rüstung und ergriff die Zügel des Pferdes.
Das Gesicht des Ritters war bleich, er war tot. Parzival ritt davon und weinte, weinte bitterlich.

nach Wolfram von Eschenbach

Die Veilchentasse

1 Die Mutter kommt in die Küche. In der Türöffnung bleibt sie noch stehen und
horcht, dann setzt sie sich an den Tisch. Der Vater schöpft die Lauchsuppe
in sich hinein. Es ist so still, dass Marlies sein Schlucken hören kann.
„Sie muss weg", sagt die Mutter. „Jetzt muss sie wirklich ins Heim." Mit „sie"
5 ist die Oma gemeint. Der Vater sieht müde aus. Die Oma ist seine Mutter.
Marlies kaut auf einem Butterbrot herum. Es ist fast elf Uhr nachts.
„Iss schneller", sagt Mutter. „Du gehörst längst ins Bett."
Vor einer Stunde ist die Oma von zwei Polizisten heimgebracht worden.
Der Vater und die Mutter haben sie ins Bett gebracht.

10 Die Oma ist morgens weggelaufen, als die Mutter nur schnell einkaufen war.
„Die Oma ist weg!", hat die Mutter gesagt, als Marlies von der Schule
heimgekommen ist. Der Vater war schon zur Polizei gegangen und hat
die Oma als vermisst gemeldet. Marlies hat dann ihre Aufgaben gemacht,
aber sie konnte sich nicht konzentrieren … An ihrem Geburtstag vor zwei
15 Jahren war ihre Oma noch ganz gesund gewesen.
Dann ist Marlies aufgestanden und hat sich in Omas Zimmer in den Sessel
gesetzt, in dem sonst immer die Oma sitzt. In ihrem Glasschrank hat die
Oma zwölf Blumentassen. Und zu jeder Tasse hat sie eine Geschichte
erzählt … Schönere Tassen gibt es nicht, doch die allerschönste ist die
20 Veilchentasse. Marlies hat den Schrank aufgemacht und mit dem Zeigefinger
über den Rand der Tasse geschabt.
Das zirpt so schön.
Marlies hat dauernd an die Oma
denken müssen.
25 Und dass die Oma eine sehr
liebe Oma ist, auch wenn
sie manchmal komische
Sachen sagt.

Später ist die Oma von zwei Polizisten heimgebracht worden. Die Mutter und
30 der Vater haben die Oma gefragt, warum sie weggelaufen ist. Die Oma hat
keine Antwort gegeben. „Mein Gott, sie ist ja ganz durcheinander", hat die
Mutter gesagt.

Am nächsten Morgen rennt Marlies im Nachthemd über den Flur und macht
Omas Zimmertür auf. Die Oma liegt im Bett und schläft. Marlies geht in die
35 Küche. „Ich hab Hunger", sagt sie zu ihrer Mutter. Und sie fragt, wo ihr Vater
ist. „Zum Ammersee gefahren", sagt die Mutter. „In das Heim, wo wir schon
mal waren, das mit dem großen Garten." „Warum können wir sie nicht hier-
behalten?", fragt Marlies. Die Mutter schaut Marlies nicht an. „Sie braucht
dauernd jemand, der auf sie aufpasst. Und das können wir nicht."

40 Zwei Tage ist die Oma dann noch zu Hause geblieben. „Nein, Wolfi. Lass
mich hier, Wolfi", war das Letzte, was sie gesagt hat. Danach lag sie nur
noch im Bett. Marlies hat sich ein paar Mal auf den Stuhl neben sie gesetzt.
Aber was sie auch gefragt hat, die Oma hat kein Wort gesagt und den Kopf
zur Seite gedreht. Da ist Marlies wieder aus dem Zimmer gegangen.

45 Am Mittwoch trägt der Vater zwei große Koffer zum Auto. Marlies umarmt
die Oma und küsst sie und sagt, dass sie sie jedes Wochenende besuchen.
„Die Mama hat's versprochen." Aber die Oma gibt keine Antwort. Sie lässt
einfach alles mit sich geschehen.

„In zwei, drei Stunden sind wir wieder da", sagt die Mutter zu Marlies. „Aber
50 wenn sie doch nicht will", sagt Marlies. „Warum macht ihr das, wenn sie
nicht will?" Unten hupt der Vater und die Mutter beeilt sich. Marlies ist froh,
dass sie nicht mitfährt. Sie schaut dem Auto nach, bis es verschwunden ist.

Dann setzt sie sich in Omas Sessel und wartet darauf, dass sie weinen
kann. Aber es kommt keine einzige Träne. Das Zimmer ist irgendwie leer,
55 obwohl noch alle Möbel dastehen. Die Mutter hat die gehäkelte Wolldecke
von Oma in einen Koffer gepackt, die Bibel und das Bild von Marlies.
„Und die Tassen?", hat Marlies gefragt. Die Mutter hat den Kopf geschüttelt:
„Im Heim hat die Oma nur einen Kleiderschrank."

Marlies geht zum Glasschrank. Sie nimmt die Rote-Rosen-Tasse heraus.
60 Die Hand tut ihr weh, der Bauch tut ihr weh, die Augen tun ihr weh.
Da hebt sie die Tasse hoch und schmeißt sie, so fest sie kann,
gegen die Wand. Es gibt einen Knall und die Scherben fallen zu Boden.
Marlies nimmt die Tulpentasse. Und dann die Gänseblümchentasse.
Mit jedem Krachen tut ihr der Bauch weniger weh. Die Veilchentasse
65 ist die letzte. Marlies betrachtet sie lange. Und auf einmal fängt sie an
zu weinen. Vorsichtig stellt sie die Tasse zurück.

Marlies betrachtet den Scherbenhaufen, während ihr die Tränen über die
Backen laufen. Sie versteht nicht, warum sie das gemacht hat. Die Oma
hätte es ihr vielleicht erklären können. Ich werd sie gleich nächsten
70 Sonntag fragen, denkt Marlies. Vielleicht sagt sie dann wieder was.
Auch wenn es was Verrücktes ist.

Mirjam Pressler

Für Samay

1 Wir kommen weit her
liebes Kind
und müssen weit gehen
keine Angst
5 alle sind bei Dir
die vor Dir waren
Deine Mutter, Dein Vater
und alle, die vor ihnen waren
weit weit zurück
10 alle sind bei Dir
keine Angst
wir kommen weit her
und müssen weit gehen
liebes Kind

15 Dein Großvater
8. Mai 1985

Heinrich Böll (1917 – 1985)

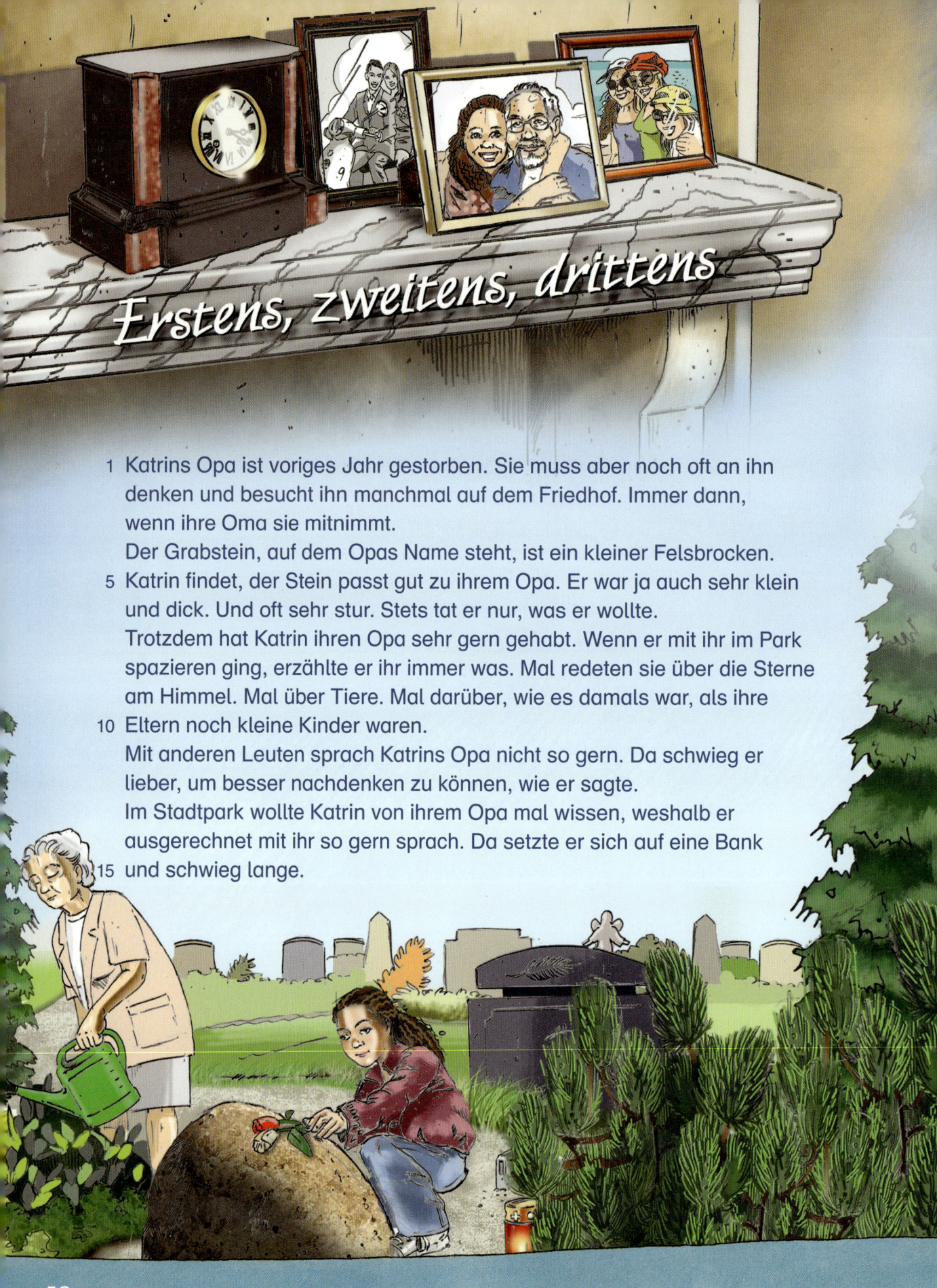

Erstens, zweitens, drittens

1 Katrins Opa ist voriges Jahr gestorben. Sie muss aber noch oft an ihn denken und besucht ihn manchmal auf dem Friedhof. Immer dann, wenn ihre Oma sie mitnimmt.

Der Grabstein, auf dem Opas Name steht, ist ein kleiner Felsbrocken.

5 Katrin findet, der Stein passt gut zu ihrem Opa. Er war ja auch sehr klein und dick. Und oft sehr stur. Stets tat er nur, was er wollte.

Trotzdem hat Katrin ihren Opa sehr gern gehabt. Wenn er mit ihr im Park spazieren ging, erzählte er ihr immer was. Mal redeten sie über die Sterne am Himmel. Mal über Tiere. Mal darüber, wie es damals war, als ihre

10 Eltern noch kleine Kinder waren.

Mit anderen Leuten sprach Katrins Opa nicht so gern. Da schwieg er lieber, um besser nachdenken zu können, wie er sagte.

Im Stadtpark wollte Katrin von ihrem Opa mal wissen, weshalb er ausgerechnet mit ihr so gern sprach. Da setzte er sich auf eine Bank

15 und schwieg lange.

Dann sagte er leise: „Erstens, weil ich dich sehr lieb habe."
Das hatte Katrin sich schon gedacht.
„Und zweitens?"
„Zweitens, weil ich mich gern mit Leuten unterhalte, die noch neugierig sind."
20 Das hatte Katrin noch nicht gewusst. Sie konnte sich gar nicht vorstellen,
dass es Menschen gab, die nicht neugierig waren. Ihr Opa jedoch sagte,
unter den Erwachsenen gäbe es davon sehr viele, und sie glaubte ihm.
„Und drittens?", fragte sie weiter, denn sie dachte sich, dass noch etwas kam.
Katrins Opa überlegte erst wieder.
25 Dann sagte er: „Drittens, weil ich möchte, dass du später mal an mich denkst."
Mit „später" meinte Katrins Opa die Zeit nach seinem Tod. Katrin begriff das
sofort. Weil sie aber nicht gern daran dachte, dass sie ihre Großeltern
irgendwann nicht mehr haben würde, fragte sie nicht weiter danach.
„Ich möchte", sagte ihr Opa da zu ihr, „dass du dich später an die vielen
30 Dinge erinnerst, die wir zusammen gemacht und über die wir gesprochen
haben. Dann kannst du eines Tages deinen Kindern von Oma und mir
erzählen. Und deinen Enkeln. Auf diese Weise werden wir nicht vergessen."
Katrin wird ihren Kindern ganz bestimmt von ihren Großeltern erzählen.
Das nimmt sie sich jedes Mal vor, wenn sie vom Friedhof kommt.
35 Und ein klein bisschen freut sie sich schon darauf.

Klaus Kordon

Im Lauf der Zeit – mit Texten umgehen

Parzival und die Ritter der Tafelrunde, S. 52/53

1. Um welche Art von Text handelt es sich hier? Begründe.
   Überprüfe mithilfe des Fachwörter-Lexikons auf S. 190/191.

 2. Bildet Gruppen. Jede Gruppe bearbeitet einen Abschnitt:
   Zeile 1 – 17/Zeile 18 – 32/Zeile 33 – 48.
   Schreibt Stichwörter und tauscht euch in der Gruppe aus.

3. Veranschaulicht den Verlauf der Geschichte mithilfe
   eines Schaubildes. Eure Stichwörter und S. 180 helfen euch.

4. Denke dir ein weiteres Abenteuer für Parzival aus.
   Schreibe es auf oder zeichne es als Comic.
   Auf S. 183 findest du weitere Ideen für deinen Text.

Die Veilchentasse, S. 54 – 56

Die Bilder zum Text beachten
Sieh dir die Fotos und Bilder zu einem Text genau an. Sie zeigen
zum Beispiel den Ort, wo die Geschichte spielt, oder die Haupt-
personen. Du kannst auch erkennen, ob es eine wahre
Geschichte oder eine erfundene Geschichte ist, z. B. ein Märchen.

 1. a) Vor dem Lesen: Lies die Überschrift und
   schaue dir die Bilder an.
   Wovon könnte die Geschichte handeln?

   b) Nach dem Lesen: War deine Vermutung richtig?
   Wurden deine Erwartungen erfüllt? Was ist neu für dich?
   Begründe deine Aussage(n) anhand von Textstellen.

   c) Tauscht euch in der Klasse über eure Eindrücke aus.

 2. Beantworte die Fragen erst mit einem Partner, dann in der Klasse.
   • Warum essen Marlies und ihre Eltern spät zu Abend?
   • Warum kann sich Marlies nach der Schule
     nicht auf ihre Hausaufgaben konzentrieren?
   • Weshalb bringen die Eltern die Oma in ein Heim?

 3. Sprecht über Gründe, warum Marlies die Tassen zerstört.
   Was ist anders als bei der Veilchentasse?

4. Informiere dich im Internet oder in Sachbüchern über Demenz.
   Hast du in deinem näheren Umfeld schon Erfahrung damit gemacht?

Für Samay, S. 57

1. Lest das Gedicht zu zweit und wechselt euch bei jeder Zeile ab. Achtet auf die Betonung.

2. Überlegt, wovor Samay Angst haben könnte.

3. Wie können Väter oder Mütter ihrem Kind Angst nehmen? Sammelt Ideen und sprecht in der Klasse darüber.

4. In dem Gedicht werden Zeilen wiederholt. Welche Wirkung hat das? Was steht in den Zeilen, die nur aus zwei Wörtern bestehen?

Erstens, zweitens, drittens, S. 58/59

1. Welche Lesetipps helfen dir bei diesem Text? Sprecht darüber.

2. Warum passt der Stein auf Opas Grab gut zu ihm? Suche die Textstelle und notiere die Zeilenzahl.

3. Nenne Gründe, warum Opa am liebsten mit Katrin redete. Schreibe Stichwörter auf und tausche dich mit einem Partner aus.

4. Vergleicht den Inhalt und die Art des Textes mit dem Gedicht „Für Samay" auf S. 57. Was ist gleich? Wo gibt es Unterschiede?

5. Welche Erinnerungen hast du an jemanden, den du gern hattest und der gestorben ist? Erzähle oder schreibe davon.

6. Diesen Text hat Klaus Kordon geschrieben. Was weißt du über ihn? Informiere dich, z. B. in der Autoren-Übersicht auf S. 188/189.

Kleine Sprüche zum Lesen und Verschenken

Lies abwechslungsreich – mal laut, mal leise, mal schnell, mal langsam.

Seit i af der Welt bin,
hob i di gern, und
des wird immer a so bleim.*

Woaßt du ibahapts,
wia gern dass i di mog?

Ottfried Fischer

Die schönsten Erinnerungen sind die,
die einem beim Zurückdenken
ein Lächeln auf die Lippen zaubern.*

Freunde sind wie Sterne.
Man sieht sie zwar nicht immer,
aber sie sind immer da.*

* Verfasser unbekannt

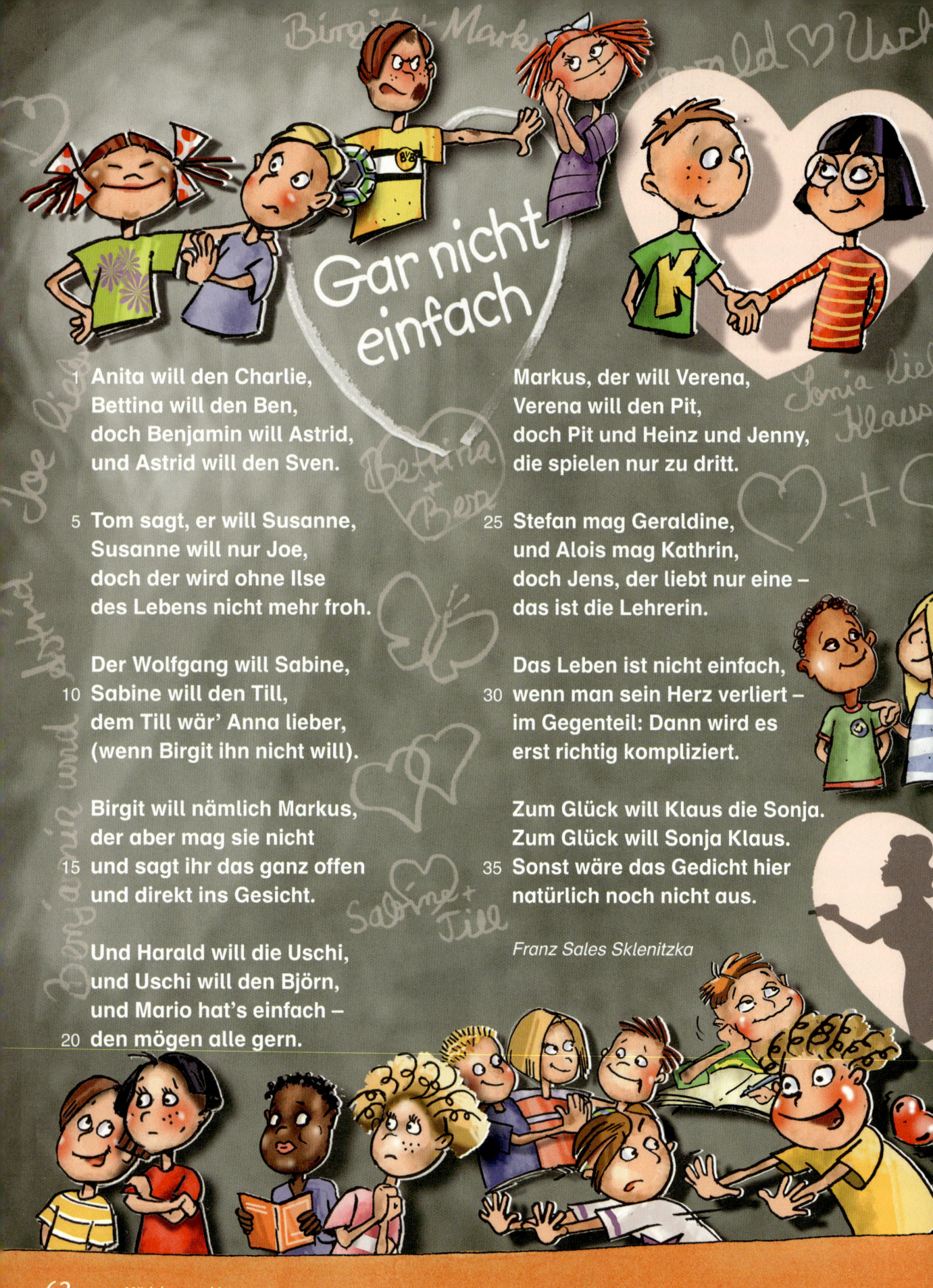

Gar nicht einfach

1 **Anita will den Charlie,**
Bettina will den Ben,
doch Benjamin will Astrid,
und Astrid will den Sven.

5 **Tom sagt, er will Susanne,**
Susanne will nur Joe,
doch der wird ohne Ilse
des Lebens nicht mehr froh.

Der Wolfgang will Sabine,
10 **Sabine will den Till,**
dem Till wär' Anna lieber,
(wenn Birgit ihn nicht will).

Birgit will nämlich Markus,
der aber mag sie nicht
15 **und sagt ihr das ganz offen**
und direkt ins Gesicht.

Und Harald will die Uschi,
und Uschi will den Björn,
und Mario hat's einfach –
20 **den mögen alle gern.**

Markus, der will Verena,
Verena will den Pit,
doch Pit und Heinz und Jenny,
die spielen nur zu dritt.

25 **Stefan mag Geraldine,**
und Alois mag Kathrin,
doch Jens, der liebt nur eine –
das ist die Lehrerin.

Das Leben ist nicht einfach,
30 **wenn man sein Herz verliert –**
im Gegenteil: Dann wird es
erst richtig kompliziert.

Zum Glück will Klaus die Sonja.
Zum Glück will Sonja Klaus.
35 **Sonst wäre das Gedicht hier**
natürlich noch nicht aus.

Franz Sales Sklenitzka

Tomas

1 Fünf Jahre lang war die Bille
die Freundin von Tomas. Und da
der Tomas zehn Jahre alt ist, war das
sein halbes Leben lang. Dann zog der
5 Konrad ins Nachbarhaus der Bille. Der war
auch zehn Jahre alt, und die Bille verliebte
sich auf den ersten Blick! „Tut mir leid", sagte
sie zum Tomas. „Aber unsere Liebe ist jetzt aus!"
Der Tomas war sehr traurig. Und die Traurigkeit
10 hörte nicht auf. Und er nahm sich keine neue
Freundin, obwohl er leicht zehn hätte haben können.
„Wie können wir dir denn bloß helfen?", fragten
der Papa und die Mama. „Wie können wir dir denn
bloß helfen?", fragten auch die große Schwester und
15 der kleine Bruder.
Aber der Tomas wusste keine Antwort darauf.
Dann, eines Tages, nach vielen Wochen, rief die Bille an.
Und sagte zum Tomas: „Die Liebe mit dem Konrad ist aus.
Willst du wieder mein Freund sein?"
20 „Ich komme!", rief der Tomas und legte den Hörer wieder auf.
„Mit der Kuh würde ich kein Wort mehr reden!",
sagte der kleine Bruder.
„Bist ja nicht ihr Hanswurst", sagte die große Schwester.
„Wo sie dir so viel Kummer gemacht hat", sagte die Mutter.
25 „Da hätt' ich meinen Stolz", sagte der Vater.
Der Tomas zog seine Jacke an und seine Schuhe.
„Dir ist auch nicht zu helfen!", riefen der Papa, die Mama,
die große Schwester und der kleine Bruder.
„Jetzt braucht mir auch niemand mehr zu helfen!",
30 rief der Tomas und lief aus der Wohnung. Und dachte:
Die sind vielleicht komisch! Wollen, dass ich ewig
traurig bleibe!

Christine Nöstlinger

Markus mag Maja

1 Seit einer Woche fühlte sich Markus richtig schlecht. Schon lange wusste er, wie sehr er Maja
mochte. Und jetzt war er draufgekommen, dass Ralf die ganze Zeit zu Maja hinüberstarrte –
Stunde für Stunde.
Markus wusste nicht mehr, was um ihn herum geschah. Er konnte nur noch kontrollieren,
5 wie oft Ralf zu Maja hinübersah und ob Maja sich nach Ralf umdrehte.
Aber Maja war nichts anzumerken.
Markus tat richtig das Genick weh, weil er ständig den Kopf zwischen Ralf und Maja
hin und her drehen musste.
Auf dem Heimweg sagte Ralf zu Markus: „Ich glaube, Maja mag mich nicht."
10 Markus fühlte sich auf einmal richtig gut. Warum sollte Maja eigentlich Ralf mögen, dachte er.
Vielleicht mochte sie doch ihn lieber, obwohl sie sich nichts anmerken ließ.
„Woher weißt du das?", fragte Markus.
Ralf war verblüfft. „Gute Frage, ich weiß es gar nicht. Mensch, klasse!
Vielleicht mag sie mich ja doch!"
15 Markus spürte einen Druck auf dem Magen. Jetzt ging es ihm wieder schlecht.
Zwei Tage später sagte Ralf auf dem Heimweg: „Stell dir vor, Maja mag mich."
„Wie kommst du darauf?", fragte Markus.
„Weil sie mit mir ins Kino geht." Ralf grinste Markus an.
„Sie geht mit dir ins Kino?", stammelte Markus. Er konnte es nicht fassen.
20 Er hoffte, die Erde würde sich auftun und ihn verschlucken.
„Ist was?", fragte Ralf.
Markus schüttelte den Kopf. Was sollte schon sein?
„Übrigens – sie geht nur mit mir ins Kino, wenn du auch mitkommst", sagte Ralf.
„Was?" Markus fühlte sein Herz klopfen.

25 „Ja, du sollst mit ihrer Freundin Lisa gehen."

Markus starrte Ralf an. „Ich will aber nicht mit Lisa ins Kino."

„Schade", sagte Ralf. „Dann muss ich jemand anders fragen."

Markus fühlte sich schlechter als je zuvor. „Warte", sagte er. „Ich glaube, ich komme doch mit."

„Na, also", feixte* Ralf. „Dann bis nachher."

30 Am Nachmittag machte Markus sich auf den Weg zum Kino. Ralf, Maja und Lisa warteten schon.

Sie kauften Eintrittskarten. Wie im Fieber ging Markus neben Lisa her. Er sah Maja nicht

ein einziges Mal an. Er setzte sich neben Lisa, starrte nach vorne und wartete auf das Ende

des Films. Warum war er eigentlich mitgekommen? Er war wütend auf sich selbst.

Vor seinen Augen flimmerte es. Er hatte keine Ahnung, worum es in dem Film gegangen war.

35 Ihm war abwechselnd heiß und kalt. Vielleicht wurde er krank?

Als sie wieder auf der Straße standen, war ihm schlecht. Er stürzte davon.

Am nächsten Morgen wartete Maja vor der Schule auf Markus. „Was war denn los?",

fragte sie. „Ich dachte, du gehst mit mir ins Kino und Ralf geht mit Lisa –

so wie es verabredet war." „Was?" Markus war fassungslos.

40 „Du wolltest doch mit Ralf ins Kino, und ich sollte mit Lisa gehen."

Maja schüttelte den Kopf.

„Heißt das, du wolltest eigentlich mit mir ins Kino?", fragte Markus.

Maja nickte.

„Ach, Maja …", sagte Markus.

45 „Ich wollte dir schon lange sagen,

dass ich … dass ich …"

„Ich mag dich auch!", sagte Maja.

Rosemarie Künzler-Behncke

* feixen: sich lustig machen, jemanden belächeln

Mädchentore zählen doppelt

1 Lolas erster Tag an der neuen Schule hätte nicht schöner sein können.
Die Sonne schien und es war wunderbar warm. Ideal für ein Fußballturnier!
Jede der beiden vierten Klassen bildete drei Mannschaften, also würde es
fünfzehn Spiele geben. Und am Ende bekam die Siegermannschaft einen

5 richtigen Pokal.
Lola liebte Fußball, und so freute sie sich riesig, als sie von dem Turnier
hörte. „Das ist Lola", fing Frau Schröder gerade an, um sie der Klasse
vorzustellen, da gellte* schon der Pfiff, dass sich alle auf dem Sportplatz
versammeln sollten.

10 „Wir bilden gemischte Mannschaften", sagte Herr Wiedemeyer, der Sport-
lehrer. „Jede Klasse hat drei Kapitäne und die suchen sich abwechselnd
ihre Leute aus." Alle nickten. So wurden die Mannschaften immer zusam-
mengestellt. Erst wurden die guten Spieler gewählt, die im Verein spielten.
Dann kamen die anderen Jungs dran, dann erst die Mädchen.

15 Als Kapitäne bestimmte Herr Wiedemeyer für die 4 b Robin, Josef und Olli,
weil sie im Sport Nieten waren. Er glaubte, dass es für einen Jungen keine
größere Schmach gab, als noch hinter den MÄDCHEN gewählt zu werden.

Lola trippelte nervös von einem Fuß auf den anderen, als sich Olli, Robin
und Josef nach vorn stellten. „Ich nehme Lennart!" – „Keanu!" – „Hamid!" –

20 So ging das Schlag auf Schlag, bis endlich die Mädchen an der Reihe waren.
Doch keiner beachtete Lola, bis nur noch sie und zwei Mädchen in rosa
Söckchen und Ballerinas übrig waren. Olli holte tief Luft: „Von mir aus …
dann nehme ich noch die Neue." „Lola heiße ich!", sagte Lola laut, als sie
sich das gelbe Mannschaftsband geben ließ.

25 „Denkt daran, Jungs, Mädchentore zählen doppelt!", sagte Herr Wiedemeyer noch, dann ging's los und alle rannten auf ihre Plätze.

* gellen: laut und durchdringend ertönen

Die Gelben und die Grünen standen erst mal als Zuschauer am Rand.
Lola brauchte keine fünf Minuten, um zu begreifen, was es mit dieser
merkwürdigen Regel auf sich hatte: Die Jungs passten sich gegenseitig
30 die Bälle zu und die Mädchen liefen ziellos auf dem Platz hin und her.
Sie wurden nicht angespielt, aber immer wenn der Ball Richtung Tor flog,
schrie irgendjemand: „Los, Clara, schieß doch!" Oder: „Mensch, Luisa,
wieso holst du dir den Ball nicht?!" Und dann schoss einer der Jungs
das Tor. Lola machte eine finstere Miene. So etwas Blödes.
35 Doch jetzt waren endlich die Gelben dran. Allerdings nicht Lola.
Ihr passierte genau das, was sie eben schon mitgekriegt hatte.
Die Jungs nahmen sie gar nicht zur Kenntnis. Vier zu null stand es schon
für die Grünen und sie hatte den Ball noch kein einziges Mal berührt!
Als sie sich in der Halbzeitpause beschweren wollte, hörte keiner zu.
40 „Hallooo!", sie zupfte Justus wie wild am Ärmel. „Wie wäre es, wenn ich
auch mal den Ball kriege?!"

Als der Anpfiff kam, war Lola richtig wütend. Und wenn sie wütend war, dann war sie noch schneller als sonst. Ehe jemand Piep sagen konnte, hatte sie dem Kapitän der Grünen den Ball abgejagt, zwei Grüne und zwei
45 der eigenen Spieler umdribbelt und war aufs Tor zugestürmt. Kurz zielen, ausholen und voll mit dem Spann auf die Pille. „Tor! Nur noch vier zu eins!" „Nein! Vier zu zwei!" Justus klopfte Lola anerkennend auf die Schulter. „Nicht schlecht … für ein Mädchen." „Pfff." Lola rümpfte die Nase. Und dann rannte sie weiter. Um jeden Ball kämpfte sie, egal, ob einer
50 der Grünen ihn hatte oder einer der Gelben. Schwindlig würde sie diese eingebildeten Bubis spielen. Jawohl!

Und genau das tat sie. Ehe die anderen begriffen, was geschah, hatte Lola drei weitere Tore geschossen. In der letzten Minute, als der gegnerische Torwart am Boden lag, spielte sie Lennart den Ball zu. „Willst du auch mal?",
55 fragte sie und grinste. Lennart übernahm und schoss das Tor. Dann kam der Abpfiff. Gewonnen! Lola lief jubelnd vom Platz. „Neun zu vier für die Gelben!", verkündete Herr Wiedemeyer das Ergebnis. Doch da spurtete Lola noch einmal los, schnappte sich den Filzstift und schrieb 5:4 in die Tabelle. Dann stieg sie auf die Sprudelkiste. „Hört mal zu,
60 Leute. Es gibt eine neue Spielregel: Lola-Tore zählen einfach nur einfach!" Carolin und Sophia lachten und alle Mädchen fingen an zu klatschen.

Schließlich klatschten auch Lennart und Justus und der Rest der gelben Mannschaft. Nur die Kapitäne der anderen Mannschaften der 4 b wirkten verstimmt.
65 Diese Lola hätte ja vorher sagen können, dass sie so eine Granate ist, oder?

Cornelia Franz

1 Stellt euch eine Höhle vor. So eine mit ganz vielen Gängen, die sich immer
wieder verzweigen und aus denen man nie wieder herausfindet, wenn man
sich erst einmal darin verlaufen hat. Die Gänge führen alle tief unter die Erde.
So tief, dass es immer kälter wird, obwohl man dem brodelnden Magma des
5 Erdkerns immer näher kommt.
Habt ihr das? Prima.

Stellt euch jetzt eine kleine Grotte vor, die am Ende eines dieser Gänge liegt
und die von einer funzeligen Taschenlampe erleuchtet wird. Selbst in dem
bisschen Licht sehen die Stalaktiten*, die überall von der Decke hängen,
10 bedrohlich aus. Darunter hat sich ein kleiner See gebildet, aus dem Blasen
mit giftigen Gasen an die Oberfläche steigen.
Spürt ihr das Blubbern? Riecht ihr den Schwefel?
Hört ihr das leise Schluchzen?
Gut, denn dann könnt ihr euch jetzt auch vorstellen, wie es mir geht.

15 Mein Name ist Kai, und ich hocke in einem Kleid mit aufgedruckten
Schmetterlingen am Ufer eines unterirdischen Sees und beobachte
mit zunehmender Sorge, wie die Batterien der Taschenlampe von Minute
zu Minute immer schwächer werden.
Trotzdem bin nicht ich es, der da so herzzerreißend schluchzt.
20 Neben mir hockt Lena, meine Ex. Sie hat die Beine an ihre Brust gezogen
und umklammert ihre Knie mit beiden Armen. Sie ist es, die weint, weil sie
nicht glaubt, dass wir hier jemals wieder herausfinden.
Ich glaube das auch nicht.

* Stalaktit: ein Tropfstein, der von der Decke einer Höhle hängt

Der Trostexperte hört auf den Namen COOLMAN.

25 Er hält sich für den Klügsten, Schönsten und überhaupt den Allerbesten.

COOLMAN begleitet mich, seit ich vier bin, und dass nur ich ihn sehen kann,

ist ein wahrer Segen für den Rest der Welt.

Glaubt mir, es reicht, dass er mein Leben mit seinen Ratschlägen zu einer

endlosen Abfolge von Katastrophen macht, und natürlich ist er – ihr ahnt

30 es längst – auch diesmal wieder schuld daran, dass ich gemeinsam

mit Lena in dieser elenden Höhle auf mein Ende warte.

So! Jetzt ist es passiert: Die Batterien der Taschenlampe haben endgültig

ihren Geist aufgegeben. Mal abgesehen von den phosphoreszierenden*

Blasen, die giftgrün leuchtend aus den Tiefen des unterirdischen Sees

35 aufsteigen, sitzen wir in völliger Finsternis.

* phosphoreszierend: nach Bestrahlung im Dunkeln von selbst leuchtend

Von wegen romantisch! Aber halt! Was passiert jetzt?!

Lena greift im Dunkeln nach meiner Hand und hält sie fest. Ich erwidere

vorsichtig den Druck ihrer Finger, und das fühlt sich ziemlich gut an.

Ich meine, wenn man mal unsere total hoffnungslose Lage für

40 einen Augenblick vergisst, könnte das hier ein richtig schöner,

geradezu unvergesslicher Moment sein.

Lena und ich Händchen haltend am Ufer eines Sees.

„Keine Sorge, die holen uns hier raus", sage ich, um Lena zu beruhigen.

„Kann sich nur noch um Minuten handeln." „Wie denn? Es weiß doch

45 niemand, dass wir hier sind", erwidert sie. „Und das ist deine Schuld."

„Ist es nicht", verteidige ich mich und halte ihre Finger so fest, dass sie

ihre Hand nicht aus meiner ziehen kann. Das will sie nämlich. Das spüre ich.

„Wessen denn sonst?" „COOLMANs, natürlich!"

„COOLMAN? Wer soll das denn bitte schön sein?", fragt Lena misstrauisch.

50 Weil ich in meiner aussichtslosen Lage sowieso nichts mehr

zu verlieren habe, kann ich ihr und euch ruhig alles erzählen:

von COOLMAN, dem Flugzeug, dem Ferienlager

und wie wir uns in diese Höhle verirrt haben.

Also haltet euch fest! Wir schmeißen die Zeitmaschine an.

Rüdiger Bertram / Heribert Schulmeyer

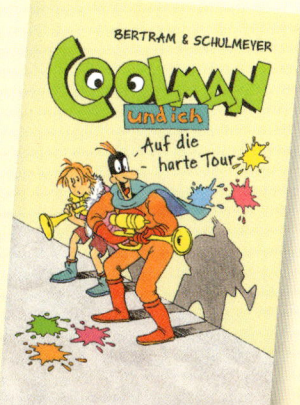

Mädchen und Jungen – mit Texten umgehen

Gar nicht einfach, S. 62

1. Lest euch das Gedicht in 3er-Gruppen gegenseitig vor.
   Wechselt immer nach einer Strophe. Achtet auf die Betonung.

2. Ihr könnt aus dem Gedicht auch einen Rap machen.
   Stellt euch in einer Linie auf. Jeder übernimmt eine Strophe.

3. Bewertet die Vorträge und wählt die drei besten aus.

4. Wähle eine Strophe aus. Gestalte mit deiner Strophe ein Schmuckblatt.
   Du kannst auch eine eigene Strophe für das Gedicht schreiben.

Tomas, S. 63

Ein Stichwort formulieren
Bringe z. B. dein eigenes Wissen (zu einem Thema) ein:
aus Büchern, Fernsehen, Berichten, Erzählungen. Sprich in
der Klasse darüber. Jetzt verstehen alle den Text besser.

1. a) Lies den Text auf S. 63. Lesetipp 3 hilft dir.
   b) Überlege dir mit einem Partner Fragen, die der Text beantwortet, z. B.:
      Wie reagiert die Familie von Tomas auf Billes Verhalten?
   c) Stellt euch in der Klasse gegenseitig Fragen und beantwortet sie.

2. Wie heißt die Phase zwischen Kindheit und Jugendalter? Was weißt
   du darüber? Informiere dich im Internet oder in Sachbüchern.

3. Stellt eure Ergebnisse in der Klasse vor.

Markus mag Maja, S. 64/65

1. Um welche Art von Text handelt es sich hier? Begründe.
   Überprüfe mithilfe des Fachwörter-Lexikons auf S. 190/191.

2. Lies den Text und gib ihn in eigenen Worten wieder.
   Nutze dazu auch die Bildfolge auf S. 64/65 unten.

3. Beim Kinobesuch verhält sich Markus Maja
   gegenüber abweisend. Schreibe Gedanken und Gefühle
   von Markus oder Maja als Tagebucheintrag auf.

4. Stellt eure Tagebucheinträge vor und bewertet die Vorträge.

Mädchentore zählen doppelt, S. 66 – 68

1. a) Lies den Text. Finde zu jedem Abschnitt
   eine Überschrift oder einen kurzen Satz.

   b) Wählt aus den Fragen eine oder mehrere aus und bearbeitet sie.
   - Welche Schwierigkeiten gibt es bei der Auswahl der Mannschaften?
   - Was fällt Lola beim Fußballspiel auf?
   - Wie verläuft die zweite Halbzeit?
   - Welche neue Spielregel gibt Lola bekannt?

   c) Besprecht die Fragen in der Klasse.

2. Sollten Mädchentore doppelt zählen? Was denkt ihr darüber?

3. Welcher Lesetipp hat dir bei diesem Text geholfen? Begründe.

4. Übe, den Text mit einem Partner flüssig zu lesen (siehe S. 186).
   Gebt einander Rückmeldung. Wie fällt eure Beurteilung aus,
   wenn ihr den Text zu einem späteren Zeitpunkt nochmals lest?

> ### Lesen auf einen Blick
>
> Lies so schnell wie möglich. Welche Wörter erkennst du sofort?
>
> LOLALIEBTFUSSBALLUNDSOFREUTSIESICHRIESIGALSSIEVONDEM
> TURNIERHÖRTDENKTDARANMÄDCHENTOREZÄHLENDOPPELT
> SAGTHERRWIEDEMEYERDANNGEHTESLOSUNDALLERENNENAUF
> IHREPLÄTZEDIEGELBENUNDDIEGRÜNENSTEHENERSTMALALS
> ZUSCHAUERAMRANDLOLABEGREIFTSCHNELLDIEREGEL …

COOLMAN und ich, S. 69 – 71

1. Lies die Überschrift und betrachte die Bilder. Worum könnte es gehen?

2. Nach dem Lesen: War deine Vermutung am Anfang richtig?
   Hat der Text deine Erwartung erfüllt? Was hast du Neues erfahren?

3. Um welche Art von Text handelt es sich hier? Woran erkennst du dies?
   Schlage im Fachwörter-Lexikon auf S. 190/191 nach und überprüfe.

4. Wo spielt die Geschichte? Was ist an dem Ort besonders? Beschreibt.

5. „COOLMAN? Wer soll das denn bitte schön sein?", fragt Lena.
   Stell dir COOLMAN vor und beschreibe oder male ihn.
   Wie sieht er aus? Was hat er an? Was macht ihn besonders?

6. Wie könnte die Geschichte weitergehen? Schreibt sie auf.
   Auf S. 183 findet ihr Ideen, wie ihr euren Text umsetzen könnt.

Die Schwabenkinder

Anzeige aus der damaligen Bauernzeitung: Der Landarbeiter - 1913 - Nr. 5

1 Mit einer solchen Zeitungsanzeige wurde die Ankunft von Kindern aus Tirol und benachbarten Gebieten der Alpen bekannt gegeben. Seit rund 300 Jahren kamen

5 alljährlich 6- bis 14-jährige Jungen und Mädchen nach Oberschwaben, das ist die Gegend um den Bodensee und das Allgäu. Sie arbeiteten dort von März bis Oktober als Hütejunge, als Magd oder als Knecht.

10 Es waren Kinder armer Bergbauern. Die Felder dieser Bauern waren klein, schwer zu bearbeiten und brachten nur magere Ernten. Armut war weit verbreitet. Aus Not schickten viele Eltern eines oder mehrere ihrer Kinder in die Fremde, wo sie mit ihrer Arbeit

15 ein wenig Geld verdienen konnten und eine Unterkunft hatten.

Fünf- bis sechstausend Kinder machten sich jedes Jahr auf den Weg.

Die Wanderung in den Bodenseeraum war sehr beschwerlich. Oft waren im März die Pässe noch verschneit. Die unpassende Kleidung und das schlechte Schuhwerk konnten die Kinder nicht lange vor der Nässe schützen. Die Kälte kroch ihnen

20 in Arme und Beine. Ein Erwachsener führte jeweils eine Gruppe von 20 Kindern. Er sorgte unterwegs für die Übernachtung in Heuschobern, Scheunen oder Gasthäusern. Die Verpflegung musste täglich von den Kindern erarbeitet oder erbettelt werden.

Nach der Ankunft handelte der Begleiter auf dem „Kindermarkt" den Gesamtlohn

25 für die Arbeitsmonate mit den Dienstgeberfamilien aus. Am 28. Oktober, dem Ende des Dienstes, wurde der Lohn ausgezahlt: 10 bis 20 Gulden (siehe rechter Kasten, S. 77) – ein Gewand (neue Kleidung) – neue Schuhe.

Der Hütejunge Alois

Wir schreiben das Jahr 1875. Die Kinder aus dem oberen Lechtal konnten wie
im vergangenen Jahr von Bregenz aus mit dem Raddampfer nach Friedrichshafen
30 fahren. Alois war für seine 13 Jahre ein kräftiger, hoch aufgeschossener Junge.
Der Besitzer der Gaststätte „Zum Rad" in Friedrichshafen, bei dem er schon im
vergangenen Sommer im Dienst gewesen war, hatte ihn gleich wieder ausgewählt.
Als Lohn wurden 16 Gulden und ein Gewand vereinbart.

Alois hütete tagsüber die Kühe auf der Weide und half am Abend dem Knecht
35 bei der Stallarbeit. Sonntags arbeitete er als Kegeljunge an der Kegelbahn:
Er stellte die Kegel auf und rollte die Kugel zurück. Zur Belohnung erhielt er
von den Spielern ein paar Kreuzer extra, die er in seiner Spardose sammelte.
Wenn in der Gaststube viel Betrieb war, musste Alois oft länger als die vereinbarten
12 Stunden arbeiten. Trotzdem beneideten ihn die anderen Jungen um seine Dienst-
40 stelle, weil er sich im Gasthaus jeden Tag richtig satt essen und nachts in einem
richtigen Bett in der Kammer schlafen konnte.
Am Sonntagmorgen bereiteten sich alle zum Kirchgang vor. Alois wusch sich in der
Waschküche und zog sein sauberes Gewand und die leichten Schuhe an. Nach der
Christenlehre, dem Religionsunterricht nach der Messe, trafen sich die Jungen und
45 Mädchen auf dem Kirchplatz und erzählten einander. Wie so oft war auch heute das
Thema, wie gut oder wie schlecht man es mit seiner Arbeitsstelle getroffen hatte.

Alois sagte: „Wenn ich vom Viehhüten zurückkomme und alle Kühe gemolken sind, gibt es meist eine warme Suppe und frisches Brot, heute Abend esse ich Reste vom Sonntagsbraten und Spätzle."

50 Johann, ein blasser und schmächtiger Junge, viel jünger als Alois, hörte ihm fassungslos zu. „Hast du's gut!", rief er dann. „Beim Meier-Bauer gibt's früh zum Kaffee nur zwei trockene Scheiben Brot und ein Stück Käs'. Das muss für den ganzen Tag reichen. Und am Abend immer nur Haferschleimsupp'."
Alois beugte sich zu ihm und rümpfte die Nase: „Du stinkst nach Kuhmist,
55 wäschst du dich am Sonntag nicht?"
Darauf der Johann: „Ich schlaf' überm Kuhstall im Heu. Ein sauberes Gewand hab' ich nicht. Das kleine Stück Seife von meiner Mutter muss bis zum Herbst reichen."
„Ach so", sagte Alois verständnisvoll. Er kannte den Meier-Bauer aus seinem ersten Sommer und der kleine Johann tat ihm leid: „Ich weiß, der Meier ist geizig
60 und nörgelt an allem herum. Nichts kannst du ihm recht machen. Aber komm doch heute mit zur Kegelbahn. Ich stelle sonntags die Kegel auf. Es sind zwei Bahnen neben dem Gasthof. Wenn wir uns beeilen, haben sie noch keine Kegeljungen und du kannst aufstellen. Dafür gibt es ein paar Kreuzer."
Johann war unsicher und zögerte, aber Alois zog ihn am Ärmel mit. Als sie in
65 die Hauptstraße einbogen, hörten sie von Weitem das Knallen der Kugeln und das Rumpeln der Kegel. Alois fluchte: „Himmel, Herr…! Heute wird's nichts mit dem Aufstellen!" Der Jüngere erschrak, weil auch der Meier-Bauer immer so fluchte, und fing an zu weinen.

„Was ist los? Warum heulst du?", fragte Alois. Johann schluchzte weiter und presste
70 mühsam die Worte heraus: „Ich will nicht mehr zum Meier, ich … ich hab Heimweh."
Alois tröstete Johann. Sie schauten den Keglern zu und Johann beruhigte sich wieder.

Landeck

Später ging Alois zur Wirtin am Ausschank, er wollte für sich und Johann ein
Wurstbrötchen* kaufen. Sonntags hatte er immer ein paar Kreuzer in der Tasche.
Als die Wirtin den kleinen, blassen Johann sah, reichte sie Alois die Brötchen
75 und sagte: „Lass deine Kreuzer stecken, du wirst sie noch brauchen." Johann schaute
ungläubig: „Das hätt' der Meier nie g'macht." Dann biss er kräftig in das Brötchen.
Als die Kirchturmuhr viermal schlug, stand Johann auf. Er musste zurück.
Zum Abschied meinte Alois: „Der Meier ist, wie er ist. Da musst du jetzt durch.
Nächstes Jahr gehst du nicht mehr zu ihm." Johann nickte und schüttelte den Kopf.
80 „Ja … nein!", sagte er. Dann lief er schnell zum Hof, die Arbeit im Stall wartete.

Seit 1890 kümmerte sich ein Verein um die Tiroler Hütekinder.
Durch den Bau der Arlbergbahn wurde das „Schwabengehen"
weniger beschwerlich, als es früher war. Die Kinder aus
der Alpenregion sammelten sich in Landeck, wo sie vom
„Vereinskaplan"** und einem Lehrer in Empfang genommen,
verköstigt und dann auf die Eisenbahn gebracht wurden.
Die „Vereinskinder" wurden zum Ausnahmepreis von einem
Gulden für die Hin- und Rückfahrt von Landeck nach
Bregenz von der österreichischen Staatsbahn befördert.

1915 wurden die Kinder-
märkte abgeschafft, aber erst
1921 beendete die Ein-
führung der allgemeinen
Schulpflicht – auch für
ausländische Kinder –
die „Schwabengängerei".

Mit einem Gulden konnte
damals eine Familie den
ärmlichen Lebensunterhalt
für einen Tag bestreiten.

* Brötchen: In Bayern sagt man dazu auch Semmeln.
** Kaplan: ein Diener der Kirche

Maria an der Straße

1 Maria stand an der großen Kreuzung in der Maktaba-Straße. Immer wenn
die Ampel auf Rot sprang, lief sie zu den wartenden Autofahrern und bot
ihnen ihre Erdnüsse an. Mutter kaufte jede Woche fünf Kilo Erdnüsse,
röstete und packte sie, zusammen mit Maria, in kleine Tüten ab. Seit einiger
5 Zeit war der Verkauf der Nüsse der einzige Broterwerb für die kleine Familie.

Sonst hatte die Mutter jeden Tag in der Nähe der Busstation auf Holzkohle-
Kochern Reis und Bohnen gekocht und an die Reisenden verkauft.
Viele Frauen verdienten so ihr Geld. Aber seit einiger Zeit war Mutter krank.
So lag sie meist auf ihrem Lager in der winzigen Bretterhütte, die sich etwas
10 außerhalb der Innenstadt befand.

Maria war acht Jahre alt. Sie wäre gerne zur Schule gegangen, aber Mutter
hatte kein Geld für die Schuluniform und die Unterrichtsgebühren. Als der
Vater noch lebte, hatte er manchmal etwas Geld mit nach Hause gebracht.
Das hatte Mutter ihr erzählt. Erinnern konnte sich Maria nicht an ihn.
15 Nun war sie Mutters einzige Stütze. Sie freute sich, wenn sie am Ende
des Tages heimkehrte und alle Nüsse verkauft hatte. Dann lobte Mutter sie.
Maria kochte das Essen und später füllten sie zusammen neue Tütchen
mit Nüssen.

Manchmal, wenn Maria an der Straße stand, vergaß sie ihre Nüsse.
20 Dann stellte sie sich vor, sie sei eines der kleinen Mädchen, die frisch frisiert
und sauber gekleidet in Autos vorbeigefahren wurden. Wohin sie wohl
gingen? Vielleicht in die Schule? Oder Eis essen? Oder einfach spazieren?

Einmal starrte ein kleines Mädchen aus einem an der Ampel wartenden
Auto sie an und öffnete das Fenster. „Wie heißt du?", fragte sie. – „Maria."
25 – „Papa, kaufst du mir Nüsse?", wendete sich das Mädchen ihrem Vater zu.
Der Mann kaufte fünf Päckchen. Als die Ampel auf Grün sprang, winkte das
Mädchen ihr zu.
Die nächsten Tage schaute Maria nach ihr aus, traf sie aber nie wieder.

Ganz anders war es mit dem Mann, der ihr jeden Tag zwei Tüten abkaufte.
30 Er war sehr freundlich und sagte immer etwas Nettes zu Maria. Dass sie
niedlich wäre und in einem hübschen Kleid würde sie die Schönste sein.
Maria war jedes Mal verlegen und sie mochte es nicht, wenn er ihren
Arm streichelte.
Heute hatte er ihr vorgeschlagen, mit ihm zu einem Laden zu gehen.
35 „Ich kauf dir etwas Schönes zum Anziehen", hatte er gesagt.
Maria hatte Angst bekommen. Endlich war er weggefahren.
„Morgen stelle ich mich woanders hin", hatte Maria gedacht.
„Vielleicht fährt da ja das kleine Mädchen vorbei."

Am Abend ging es Mutter nicht gut. Sie konnte das Essen nicht bei
40 sich behalten. „Morgen gehen wir zum Krankenhaus", hatte Maria
entschieden. „Von welchem Geld sollen wir die Behandlung
bezahlen?", hatte Mutter leise gefragt. „Nächste Woche kaufen wir
nur ein oder zwei Kilo Nüsse", hatte Maria geantwortet.
„Das Geld, das wir dann übrig haben, soll dich wieder
45 gesund machen."

Nasrin Siege

Der Ausreißer

1 Erwin lief mindestens viermal im Jahr von zu Hause weg.
Sein Vater war viel auf Reisen und seine Mutter ging tagsüber arbeiten.
Seine Großmutter kochte für ihn, aber sie redete kaum; sie hörte schwer
und war dauernd müde.

5 Als er sieben Jahre alt war, lief er zum ersten Mal weg. Er hatte große
Jungen kennengelernt, die ihm die tollsten Geschichten von einem
See erzählten, wo sie ein Floß gebaut hatten. Die Jungen hatten einen
Leiterwagen, auf dem das Zelt und andere Sachen lagen. Erwin musste
den Wagen ziehen, keiner half ihm.

10 Am Abend wollten sie die Insel auf dem See mit dem Floß erobern. Es war
klein und wacklig, Erwin passte kaum mit drauf und wurde ständig nass.
Unterwegs stellte ihr Anführer, der Bernd hieß, fest, dass das Floß bald
auseinanderfallen würde. Sie kehrten um und paddelten mit den Händen
bis zum Ufer.

15 Erwin war sehr müde. Vielleicht wäre es zu Hause jetzt schöner, dachte er.
Nein, sagte er sich, hier ist es schöner.
Er schlief am Zelteingang, zu Füßen der großen Jungen. Bernd hatte es
so gewollt. Erwin wachte ein paarmal auf, weil ihm so kalt war.
Gegen Morgen hörte er Stimmen. Der Zelteingang wurde aufgerissen,
20 seine Mutter hob ihn hoch; er sah, dass sie weinte.

Das war sein erster Ausflug. Er hatte oft das Gefühl, wegrennen zu
müssen, hatte Sehnsucht, im Freien zu sitzen, ganz allein, und sich
Geschichten auszudenken. So ging er einige Male fort.
Seine Mutter wurde immer ärgerlicher und trauriger. Erwin versprach ihr
25 ganz fest, nicht mehr wegzulaufen.

Es kam ein Zirkus in die Stadt. Und Erwin sah einen Mann, der mit zehn
Bällen auf einmal spielen konnte. Es war das Herrlichste, was er je
gesehen hatte. Der Mann hieß Willi. Erwin freundete sich mit ihm an.

Er erzählte ihm, dass er manchmal Lust hatte, von daheim wegzurennen.
30 Und dass er manchmal die Schule schwänzte.
Willi ließ die Bälle toll hüpfen und sagte: „Das ist falsch. Bleib zu Hause und geh zur Schule. Vielleicht lernst du mal einen Lehrer kennen, der auch mit Bällen spielen kann." „Das glaub ich nicht", sagte Erwin. „Dann glaub's nicht und stell ihn dir vor", sagte Willi.
35 Nach einer Woche zog der Zirkus weiter, Erwin hatte sich in einem der Wagen versteckt. Er lief zu Willi. Der streichelte ihm übers Haar und sagte: „Auf Wiedersehen, Ausreißer." Ein Zirkusfahrer brachte Erwin nach Hause.

Seine Mutter sagte: „Ich muss dich in ein Heim bringen, wo man auf dich aufpasst." „Ich reiß nicht mehr aus", sagte Erwin. Aber er tat's wieder.

40 Er hatte eine Stelle am Waldrand gefunden, die ihn immer wieder anlockte. Dort traf er einen Mann, der ein finsteres Gesicht hatte und mit den Augen blinzelte, so, als tue ihm das Sehen weh. Der Mann fragte: „Bist du von zu Hause abgehauen?" Erwin sagte, nach einer Pause: „Ja."
„Klar", sagte der Mann. „Wo wohnst du?" – „In der Limbacherstraße." –
45 „Da wohnen wir nicht weit voneinander", sagte der Mann. „Wie heißt du?" – „Erwin." – „Komm mit", sagte der Mann, „jetzt reicht es doch nicht mehr für die Schule."

Der Mann führte Erwin in ein Haus, das ziemlich alt war. Sie stiegen die Treppe hinauf in einen großen Raum, dessen Decke ganz aus Glas war.
50 „Hier wohne ich", sagte der Mann, „hier male ich meine Bilder."
Es waren Bilder, auf denen immer Straßen gemalt waren. Es wimmelte da von winzigen Menschen, am Rand standen Häuser und Bäume. Und immer gab es einen blauen Himmel, über den ein, zwei dicke Wolken schwammen. Die Straßen führten direkt auf ihn zu. Alles war toll bunt.
55 Autos fuhren. Hunde, so groß wie ein Daumennagel, hoben ihr Bein an zündholzhohen Bäumchen. Ein Pferd zog einen Bierwagen.

„Wenn du wiederkommst, kriegst du ein Bild", sagte der Maler.
„Jetzt geh nach Hause und hau bitte nicht mehr ab. Komm lieber zu mir,
sag's deiner Mutter." Seine Mutter schrie, weinte und gab ihm eine
60 Ohrfeige. Und er beteuerte: „Ich geh bestimmt nicht mehr fort."

Den Maler besuchte er, sooft es ging. Er sah ihm bei der Arbeit zu.
Der Maler malte gerade an einem Bild, auf dem es wieder eine lange
Straße gab. Ganz am Ende der Straße sah Erwin einen roten Punkt.
„Was ist das?", fragte er. „Das bist du", sagte der Maler. „Wenn du Lust
65 hast, kannst du ins Bild reingehen. Denk dir, dass du der Punkt bist,
träum' einfach. Auch so kann man ausreißen!"

Erwin tat es. Er wurde leicht wie ein Ball von Willi, und mit einem Mal
stand er auf der Straße. Sie führte ihn zu dem Waldrand, den er so mochte.
Er spazierte zurück durch die belebte Straße, holte tief Atem und stand,
70 hopp!, wieder neben dem Maler.

Erwin lief nicht mehr weg von daheim. Er ist später Maler geworden.

Peter Härtling

Till Eulenspiegel als Bäckergeselle

1 Wie alle Handwerksgesellen wanderte Till Eulenspiegel durchs Land.
Anders als alle Handwerksgesellen hatte sich Till nicht auf einen Beruf
festgelegt.
In Braunschweig traf er auf einen Brotbäcker, der einen Gesellen suchte.

5 „Ich bin ein Bäckergeselle", sagte Till. „Willst du bei mir arbeiten?",
fragte der Bäcker. „Ja", sagte Till.
Als er zwei Tage in der Bäckerei gewesen war, sollte Till am dritten Abend
ganz allein backen. „Ja, was soll ich denn backen?", fragte Till.
Der Bäckermeister sagte: „Du willst ein Bäckergeselle sein und weißt das

10 nicht? – Eulen und Meerkatzen* natürlich!" Und damit ging er schlafen.

Till Eulenspiegel machte sich an die Arbeit. Er formte aus dem Teig
lauter Eulen und Meerkatzen, die ganze Backstube voll, und schob sie
in den Ofen.
Am Morgen kam der Bäcker in die Backstube und riss die Augen auf:

15 Kein Brot! Keine Brötchen**! „Was hast du da gebacken?", schrie er zornig.
„Eulen und Meerkatzen", antwortete Till, „genau wie Sie gesagt haben."
Voller Wut packte der Meister ihn am Kragen. „Dieses Zeug kann ich
nicht zu Geld machen! Den Teig bezahlst du mir!
Und dann hau ab!"

20 Till Eulenspiegel bezahlte den Teig und ging.
In einem großen Korb nahm er alle Eulen und Meerkatzen mit.
Es war gerade Sankt-Nikolaus-Tag; Till stellte sich
mit seiner Ware vor die Kirche.
Alle Kinder kauften sein Gebäck

25 und er verdiente viel mehr Geld,
als er für den Teig ausgegeben hatte.
Das ärgerte den Bäcker sehr:
Der Bursche sollte ihm noch
das Brennholz bezahlen! –

30 Aber Till Eulenspiegel war schon weg.

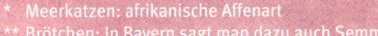

* Meerkatzen: afrikanische Affenart
** Brötchen: In Bayern sagt man dazu auch Semmeln.

Arbeit und Beruf 83

Paralympics

1 *Auch wer körperlich eingeschränkt ist,*
  kann Sport treiben und sogar als Profisportler arbeiten.

Die Paralympischen Spiele oder auch Paralympics sind die Olympischen
Spiele für körperlich behinderte Menschen. Die Paralympics sollen
5 Menschen mit Behinderung die Chance geben, auch an einem großen
und wichtigen Sportereignis teilzunehmen. Außerdem können die
Teilnehmer sich durch den Sport mit anderen Menschen, die ähnliche
Behinderungen haben, messen und Freundschaften schließen.

Olympia und die Paralympics

Die Paralympics sind eng verbunden mit Olympia und werden immer
10 wenige Wochen nach den Olympischen Spielen an denselben
Sportstätten veranstaltet. Ebenso wie die Olympischen Spiele finden
also auch die Paralympics alle zwei Jahre statt und zwar abwechselnd
als Sommerspiele und Winterspiele.

Bei den Paralympics werden die Teilnehmer
15 in verschiedene Gruppen eingeteilt:
Blinde und Sehbehinderte, spastisch Gelähmte*,
Rollstuhlfahrer und Körperbehinderte,
die stehen können. Innerhalb dieser Gruppen
können die Sportler an 20 verschiedenen
20 Sportarten teilnehmen.
Drei davon gibt es nur bei den Paralympics:
Rollstuhlbasketball, Boccia und Goalball.
Goalball ist ein Ballsport für Sehbehinderte.
Im Ball ist ein Glöckchen. So können die Spieler
25 genau hören, wo der Ball gerade ist.

* spastisch Gelähmte: Menschen mit einer erhöhten Muskelspannung,
die zur Bewegungsunfähigkeit verschiedener Körperteile führt

Mit dem Mikrofon unterwegs

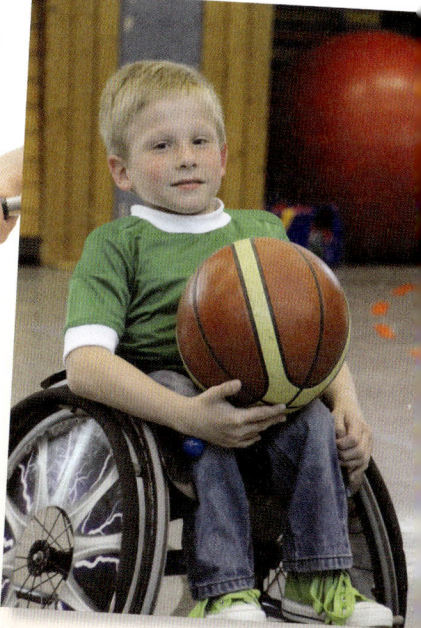

1 *Kinderreporter Sören trifft Annika Zeyen,*
Paralympics-Gewinnerin im Rollstuhlbasketball.

Wie bist du zum Rollstuhlbasketball gekommen?
Mit 14 hatte ich einen Reitunfall, seitdem sitze ich
5 im Rollstuhl. Als ich danach in der Reha war,
habe ich zum ersten Mal Rollstuhlbasketball ausprobiert.
Es hat mir gleich sehr gut gefallen, da ich vor dem Unfall
auch sehr sportlich war und ich froh war, dass ich weiter
Sport machen konnte. Meine Eltern haben mir dann geholfen,
10 einen Verein zu finden. Am Anfang war es mehr zum Spaß
und um andere junge Leute im Rollstuhl kennenzulernen.
Daraus ist dann nach und nach mehr geworden.

Wie viele Stunden trainierst du in der Woche?
Ich versuche, jeden Tag zu trainieren und trainiere dann 2 Stunden am Tag.

15 **Wie viele Spiele hast du für die deutsche Nationalmannschaft gemacht?**
Über 300. Ich bin im Moment die Rekordnationalspielerin in Deutschland,
weil ich die meisten Nationalmannschaftsspiele gemacht habe.

Was war bisher dein größter spielerischer Erfolg?
Auf jeden Fall die Goldmedaille
20 bei den Paralympics in London!
Das war einmalig und etwas ganz Besonderes.

Welche Tipps würdest du Kindern geben,
die gerne Rollstuhlbasketball spielen wollen?
Sie sollten sich einen Verein suchen und
25 anfangen zu spielen. Sie sollten nicht aufgeben.
Ich denke, dass jeder beim Rollstuhlbasketball
Spaß und Erfolg haben kann.

Vielen Dank für das Gespräch.

Mit Roboter zur Bibliothekarin –
eine Chance für Lena Kredel

1   Lena Kredel sitzt seit mehr als 20 Jahren im Rollstuhl. Anfangs konnte
    sie noch ihre Arme bewegen, doch inzwischen sind auch diese gelähmt.
    Lena Kredel ist ständig auf Hilfe angewiesen. Ein Glas Wasser trinken,
    sich kratzen oder die Tür öffnen – all das kann sie alleine nicht mehr.
5   Trotzdem arbeitet sie seit einiger Zeit wieder. Möglich macht das
    ein Assistenzroboter – ein wuchtiger Elektro-Rollstuhl, ausgerüstet
    mit Computer, Roboterarm und Kameraauge. Mit seiner Hilfe kann
    Lena Kredel Bücher in der Universitätsbibliothek katalogisieren* –
    und zwar ohne dass andere Menschen sie dabei unterstützen.

10 Zum Steuern braucht Lena Kredel nur ihren Kopf. Mit ihrem Kinn bedient
    sie einen Joystick**, um auf dem Computerbildschirm die gewünschten
    Funktionen auszuwählen. Mit ihrer Stirn löst sie an einer Halterung
    den Mausklick aus. Das System macht alles alleine, aber Lena Kredel behält
    die Kontrolle und kann eingreifen, wenn etwas nicht wie gewollt funktioniert.
15 In der Zwischenzeit wurde ein Lesegerät entwickelt, das mit Unterdruck
    die Seiten von Büchern ansaugt und dann mit einem Hebel umblättert.
    Lena Kredel ist begeistert: „Für mich ist das viel mehr
    als nur meine Arbeit, denn es gibt mir Erfüllung und
    Vertrauen in mich selbst", sagt sie. „Durch die Arbeit
20 habe ich gelernt, dass ich trotz meiner Behinderung
    viel meistern und erreichen kann."

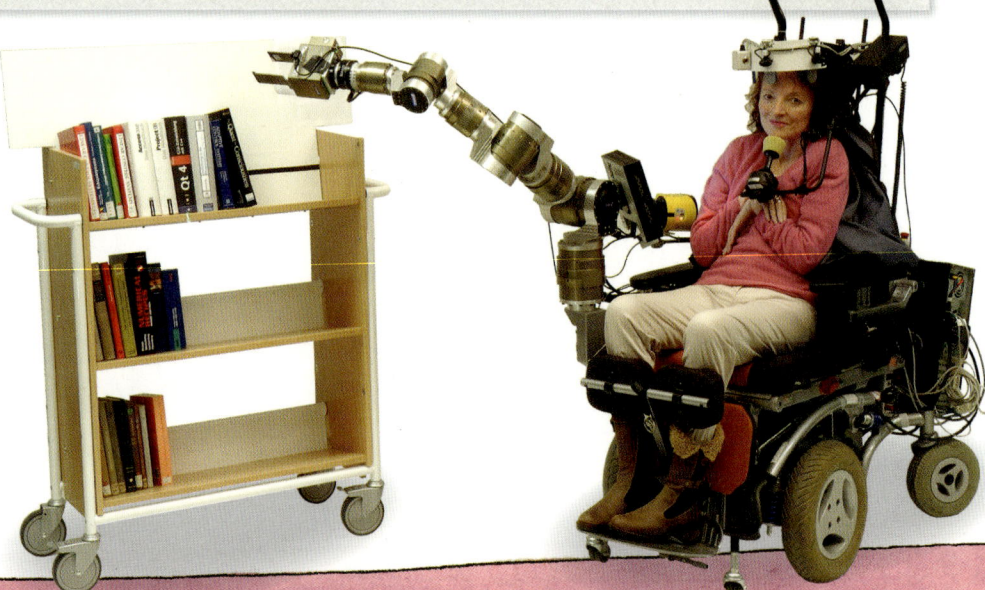

*   katalogisieren: in einen Katalog aufnehmen, Bücher erfassen
** Joystick: englisch für Steuerhebel

Arbeit und Beruf – mit Texten umgehen

Die Schwabenkinder, S. 74 – 77

1. 300 Jahre lang zogen Kinder der Tiroler Bergbauern im Sommer nach Oberschwaben. Nenne Gründe.

2. Wie erging es den Kindern auf dem Fußmarsch? Schreibe Stichwörter. Denke an Lesetipp 5 und beachte die Bilder. Berichtet in der Gruppe.

3. Suche die Textstellen heraus, in denen du etwas über die Entlohnung der Kinder erfährst, und gib die Zeile an.

4. Informiere dich im Internet oder in der Bibliothek über das Leben der „Schwabenkinder" und über die damalige Zeit.

5. Präsentiert eure Informationen auf einem Plakat vor der Klasse.

Der Hütejunge Alois, S. 75

1. Alois wurde von den anderen Jungen beneidet. Warum? Wie erging es Johann? Fasse mit eigenen Worten zusammen.

2. Wodurch wurde um 1890 die Reise der „Schwabenkinder" erleichtert?

3. Welches Gesetz beendete die „Schwabengängerei"?

4. Informiere dich auf einer Karte über die Wegstrecken der Kinder. Vielleicht kennst du diese Alpenregion auch vom Wintersport.

5. Wenn du mehr über den Alltag der Schwabenkinder erfahren willst, dann lies das Buch „Das verkaufte Glück" von Manfred Mai.

Maria an der Straße, S. 78 / 79

1. Lies in Absätzen und abwechselnd mit einem Partner. Schreibt Stichwörter und erzählt darüber. Lesetipp 3 hilft dir.

2. Beantwortet die Fragen zunächst in Kleingruppen. Tragt die Antworten dann in der Klasse zusammen.
   - Maria ist acht Jahre alt. Warum geht sie nicht zur Schule?
   - Der Vater des kleinen Mädchens kauft fünf Päckchen. Warum?
   - Der „freundliche" Mann kauft täglich zwei Päckchen bei Maria. Was könnte sich hinter seiner Freundlichkeit verbergen? Warum ist Maria das unangenehm? Woran erkennst du das?
   - Wie will Maria das Geld für die Behandlung im Krankenhaus aufbringen?

Maria an der Straße, S. 78/79 (Fortsetzung)

3. Schreibe einen Steckbrief zu Maria.

> • Name: • Familie: • Wunsch:
> • Alter: • Beruf:

4. a) Informiere dich, in welchen Ländern es noch Kinderarbeit gibt.

   b) Schreibt Stichwörter auf und nennt Beispiele für Kinderarbeit.

   c) Tragt eure Ergebnisse in der Klasse zusammen.

Der Ausreißer, S. 80 – 82

1. Lies die Überschrift und überlege, worum es in der Geschichte geht.

2. a) Erwin ist schon oft ausgerissen. Warum? Erzähle in eigenen Worten.

   b) Was erzählen die großen Jungen? Wie wird Erwin behandelt?
      Schreibe Stichwörter auf und vergleiche sie mit einem Partner.

   c) Erwin freundet sich mit dem Maler an. Was ist auf dem Bild zu sehen?
      Warum läuft er nicht mehr weg? Sprecht in der Klasse darüber.

3. Erwin ist vom Zirkusmann Willi fasziniert. Male ein Bild von ihm.

4. Würdest du manchmal auch gerne woanders sein?
   Wohin träumst du dich? Erzähle oder schreibe.

Till Eulenspiegel als Bäckergeselle, S. 83

1. Lest den Text zu dritt. Übt jeden der Abschnitte und
   verbessert euch gegenseitig. Lesetipp 8 hilft euch.

2. Lest die Abschnitte vor. Die Zuhörer bewerten den Vortrag.
   Die Tabelle auf S. 51 unten hilft euch.

3. Vervollständige die Sätze in deinem Heft.
   • Der Bäckermeister beantwortet Tills Frage
     mit „Eulen und Meerkatzen", weil …
   • Der Bäckermeister ist am Schluss verärgert, weil …

4. Begründe, warum diese Geschichte auch Schwank genannt wird.
   Überprüfe mithilfe des Fachwörter-Lexikons auf S. 190 / 191.

5. Denke dir wie Till Eulenspiegel einen Streich aus. Schreibe ihn auf.

6. Stellt eure Geschichten in der Klasse vor.

7. Kennst du noch mehr Geschichten von Till Eulenspiegel?
   Suche in der Bibliothek nach Büchern, Hörspielen und Filmen.

Paralympics, S. 84

1. a) Was sind die Paralympics?
   Schreibe Stichwörter auf und
   gestalte ein Schaubild zum Text.
   Auf S. 178 findest du Hilfen dazu.

   b) Erkläre deinem Partner, worum es
   in dem Text geht. Nutze dein Schaubild.

   c) Informiert euch im Internet oder
   in Sachbüchern über Paralympics
   und ergänzt euer Schaubild mit weiteren Informationen.

2. Habt ihr Lust, Goalball oder Rollstuhlbasketball selbst auszuprobieren?
   Sammelt Ideen, wie ihr die Sportarten in der Schule erproben könnt.

Mit dem Mikrofon unterwegs, S. 85

1. Um welche Art von Text handelt es sich? Woran erkennst du dies?
   Schlage im Fachwörter-Lexikon auf S. 190/191 nach und überprüfe.

2. Wie ist Annika Zeyen zum Rollstuhlbasketball gekommen?
   Welche Tipps gibt sie Kindern, die Rollstuhlbasketball spielen wollen?
   Lies im Text nach und fasse mit eigenen Worten zusammen.

3. Wählt aus den Arbeitsaufträgen aus und bearbeitet einen oder mehrere.

   • Stellt das Interview nach.
     Worauf müsst ihr beim Sprechen achten?

   • Geht in Kleingruppen durch euer Schulhaus und schreibt auf,
     wo man als Rollstuhlfahrer auf Hilfe angewiesen ist oder wo es
     bereits Hilfen für Rollstuhlfahrer gibt.

   • Welche Freizeitangebote gibt es für Behinderte in eurem Wohnort?
     Informiert euch und gestaltet ein Plakat für euer Schulhaus.

4. Stellt eure Ergebnisse in der Klasse vor.

Mit Roboter zur Bibliothekarin, S. 86

1. Warum ist Lena Kredel auf Hilfe angewiesen?

2. Welches Hilfsmittel ermöglicht es, dass Lena Kredel arbeiten kann?
   Wie gelingt es ihr, ihre Aufgaben als Bibliothekarin zu bewältigen?
   Gib den Text in eigenen Worten wieder. Beachte dazu auch das Foto.

3. Welche Hilfsmittel gibt es für körperlich
   behinderte Menschen noch, um im Alltag
   alleine zurechtzukommen?
   Informiert euch im Internet.

Schätze des Orients

Marco Polo

1 Im Jahr 1271, vor mehr als 700 Jahren, brach **Marco Polo**, ein reicher Händler aus Venedig, zu einer **Reise** in die sagenhaften Länder des **Fernen Ostens*** auf. Mit dem Schiff segelte er bis in das Schwarze Meer. Von da zog er auf Karawanenstraßen** durch Persien weiter nach Osten.
5 Nach 24 Jahren kehrte er in seine Heimat **Venedig** zurück und verfasste einen **Reisebericht**, der ihn in ganz Europa berühmt machte.

Marco Polo schildert darin zum ersten Mal Einzelheiten aus **China** – dem sagenhaften **Reich des großen Herrschers** Kublai Khan mit seinen unermesslichen Reichtümern. Manche Forscher bezweifeln, dass Marco Polo
10 wirklich in China war. Sie vermuten, dass er nur bis Persien kam und China lediglich aus Büchern oder Erzählungen anderer Händler kannte.

Seit 1350 breitete sich zwischen Europa und dem Fernen Osten ein neues Herrschaftsgebiet aus: das **Osmanische Reich**. Die Landwege standen nicht mehr offen. Alle Waren aus China und Indien konnten nur noch über
15 **arabische Zwischenhändler** nach Europa gelangen. Deshalb wurden Seide, Porzellan und Gewürze sehr **teuer**. In Venedig musste man damals für ein Kilo Seide ein Kilo Gold bezahlen. Die europäischen Fürstenhäuser und Händler suchten nach Möglichkeiten, direkt mit den fernöstlichen Herrschern
20 **Handel** zu treiben. Sie wollten die **hohen Zölle** für Luxusgüter und die Aufschläge der Zwischenhändler sparen und selbst an den Waren **verdienen**.

Marco Polo

Marco Polo

Heinrich der Seefahrer

Bartolomeu Diaz

1200   1300   1400   1500

* Ferner Osten: Region im Osten Asiens
** Karawanenstraße: Straße für eine Gruppe von Reisenden mit Kamelen als Lasttieren

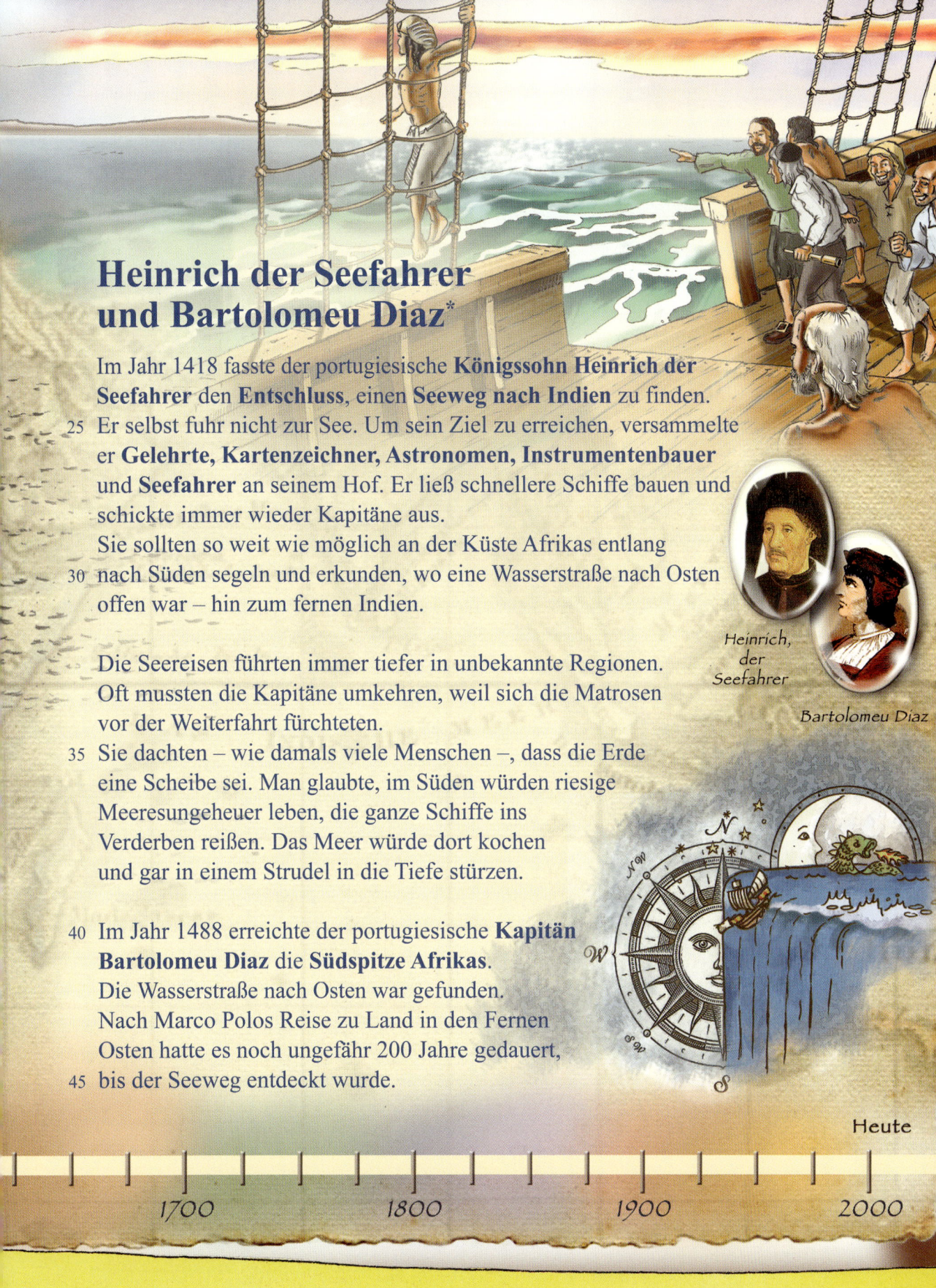

Heinrich der Seefahrer
und Bartolomeu Diaz*

Im Jahr 1418 fasste der portugiesische **Königssohn Heinrich der Seefahrer** den **Entschluss**, einen **Seeweg nach Indien** zu finden.
25 Er selbst fuhr nicht zur See. Um sein Ziel zu erreichen, versammelte er **Gelehrte, Kartenzeichner, Astronomen, Instrumentenbauer** und **Seefahrer** an seinem Hof. Er ließ schnellere Schiffe bauen und schickte immer wieder Kapitäne aus.
Sie sollten so weit wie möglich an der Küste Afrikas entlang
30 nach Süden segeln und erkunden, wo eine Wasserstraße nach Osten offen war – hin zum fernen Indien.

Die Seereisen führten immer tiefer in unbekannte Regionen.
Oft mussten die Kapitäne umkehren, weil sich die Matrosen vor der Weiterfahrt fürchteten.
35 Sie dachten – wie damals viele Menschen –, dass die Erde eine Scheibe sei. Man glaubte, im Süden würden riesige Meeresungeheuer leben, die ganze Schiffe ins Verderben reißen. Das Meer würde dort kochen und gar in einem Strudel in die Tiefe stürzen.

40 Im Jahr 1488 erreichte der portugiesische **Kapitän Bartolomeu Diaz** die **Südspitze Afrikas**.
Die Wasserstraße nach Osten war gefunden.
Nach Marco Polos Reise zu Land in den Fernen Osten hatte es noch ungefähr 200 Jahre gedauert,
45 bis der Seeweg entdeckt wurde.

Heinrich,
der
Seefahrer

Bartolomeu Diaz

Heute

1700   1800   1900   2000

---

* Bartolomeu Diaz: portugiesisch, sprich Bar-to-lo-me-u Di-as

Kolumbus segelt nach Westen

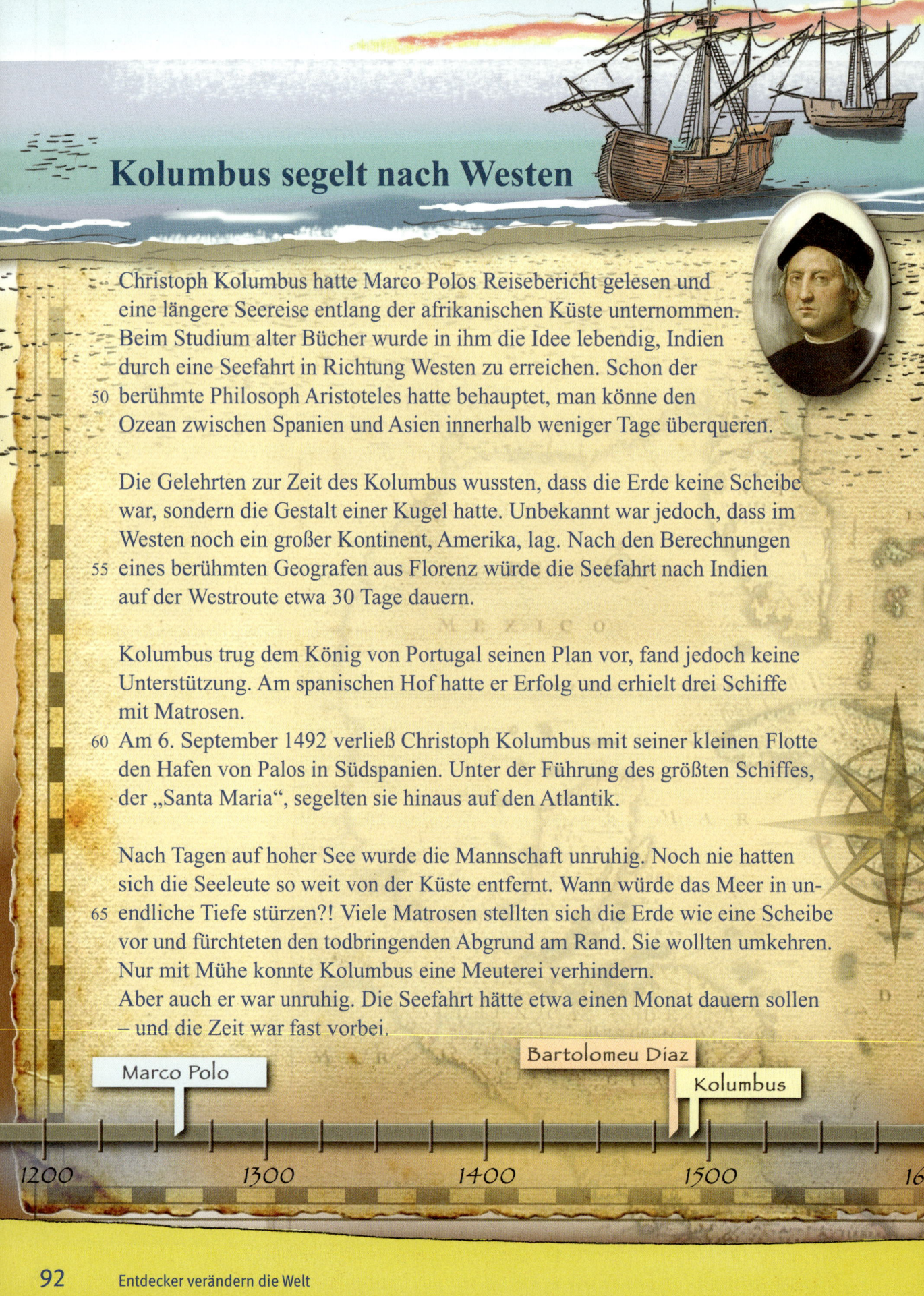

Christoph Kolumbus hatte Marco Polos Reisebericht gelesen und eine längere Seereise entlang der afrikanischen Küste unternommen. Beim Studium alter Bücher wurde in ihm die Idee lebendig, Indien durch eine Seefahrt in Richtung Westen zu erreichen. Schon der
50 berühmte Philosoph Aristoteles hatte behauptet, man könne den Ozean zwischen Spanien und Asien innerhalb weniger Tage überqueren.

Die Gelehrten zur Zeit des Kolumbus wussten, dass die Erde keine Scheibe war, sondern die Gestalt einer Kugel hatte. Unbekannt war jedoch, dass im Westen noch ein großer Kontinent, Amerika, lag. Nach den Berechnungen
55 eines berühmten Geografen aus Florenz würde die Seefahrt nach Indien auf der Westroute etwa 30 Tage dauern.

Kolumbus trug dem König von Portugal seinen Plan vor, fand jedoch keine Unterstützung. Am spanischen Hof hatte er Erfolg und erhielt drei Schiffe mit Matrosen.
60 Am 6. September 1492 verließ Christoph Kolumbus mit seiner kleinen Flotte den Hafen von Palos in Südspanien. Unter der Führung des größten Schiffes, der „Santa Maria", segelten sie hinaus auf den Atlantik.

Nach Tagen auf hoher See wurde die Mannschaft unruhig. Noch nie hatten sich die Seeleute so weit von der Küste entfernt. Wann würde das Meer in un-
65 endliche Tiefe stürzen?! Viele Matrosen stellten sich die Erde wie eine Scheibe vor und fürchteten den todbringenden Abgrund am Rand. Sie wollten umkehren. Nur mit Mühe konnte Kolumbus eine Meuterei verhindern.
Aber auch er war unruhig. Die Seefahrt hätte etwa einen Monat dauern sollen – und die Zeit war fast vorbei.

Marco Polo

Bartolomeu Díaz

Kolumbus

1200   1300   1400   1500   16

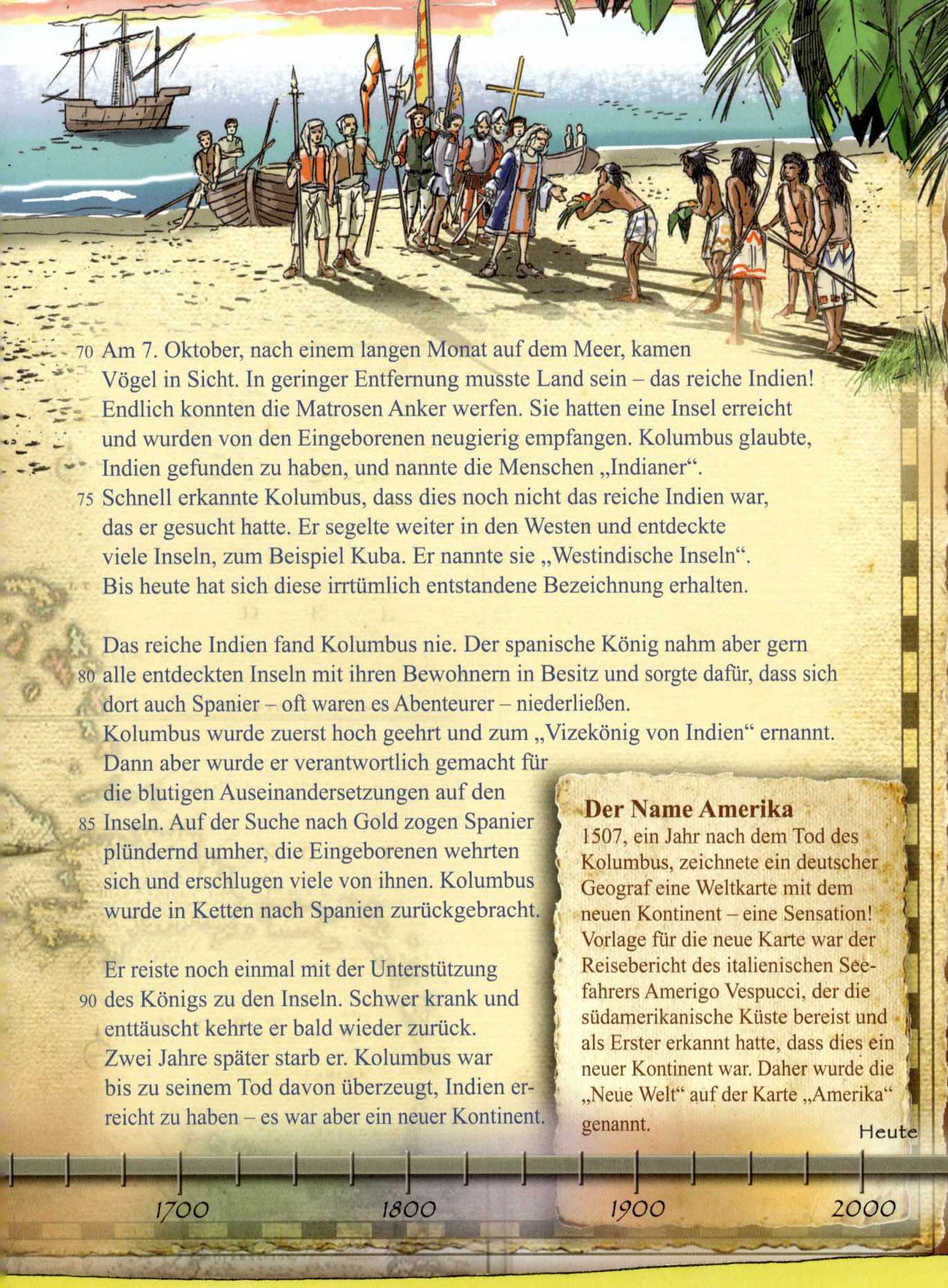

70 Am 7. Oktober, nach einem langen Monat auf dem Meer, kamen
Vögel in Sicht. In geringer Entfernung musste Land sein – das reiche Indien!
Endlich konnten die Matrosen Anker werfen. Sie hatten eine Insel erreicht
und wurden von den Eingeborenen neugierig empfangen. Kolumbus glaubte,
Indien gefunden zu haben, und nannte die Menschen „Indianer".

75 Schnell erkannte Kolumbus, dass dies noch nicht das reiche Indien war,
das er gesucht hatte. Er segelte weiter in den Westen und entdeckte
viele Inseln, zum Beispiel Kuba. Er nannte sie „Westindische Inseln".
Bis heute hat sich diese irrtümlich entstandene Bezeichnung erhalten.

Das reiche Indien fand Kolumbus nie. Der spanische König nahm aber gern
80 alle entdeckten Inseln mit ihren Bewohnern in Besitz und sorgte dafür, dass sich
dort auch Spanier – oft waren es Abenteurer – niederließen.
Kolumbus wurde zuerst hoch geehrt und zum „Vizekönig von Indien" ernannt.
Dann aber wurde er verantwortlich gemacht für
die blutigen Auseinandersetzungen auf den
85 Inseln. Auf der Suche nach Gold zogen Spanier
plündernd umher, die Eingeborenen wehrten
sich und erschlugen viele von ihnen. Kolumbus
wurde in Ketten nach Spanien zurückgebracht.

Er reiste noch einmal mit der Unterstützung
90 des Königs zu den Inseln. Schwer krank und
enttäuscht kehrte er bald wieder zurück.
Zwei Jahre später starb er. Kolumbus war
bis zu seinem Tod davon überzeugt, Indien erreicht zu haben – es war aber ein neuer Kontinent.

Der Name Amerika

1507, ein Jahr nach dem Tod des Kolumbus, zeichnete ein deutscher Geograf eine Weltkarte mit dem neuen Kontinent – eine Sensation! Vorlage für die neue Karte war der Reisebericht des italienischen Seefahrers Amerigo Vespucci, der die südamerikanische Küste bereist und als Erster erkannt hatte, dass dies ein neuer Kontinent war. Daher wurde die „Neue Welt" auf der Karte „Amerika" genannt.

Heute

1700   1800   1900   2000

Vasco da Gama

95 Im Jahr 1497, Kolumbus war wieder in Spanien, verließ eine portugiesische
Flotte den Hafen von Lissabon. Oberbefehlshaber war Vasco da Gama.
Wie Kapitän Diaz segelte er zur Südspitze Afrikas, bis dorthin war die Route
bekannt. Jetzt wurden die Schiffe sorgfältig überholt für die weitere Fahrt in
die unbekannten Gebiete auf der „anderen" Seite von Afrika. Vasco da Gama
100 steuerte entlang der afrikanischen Ostküste nach Norden.

Zu ihrer Überraschung begegneten die Portugiesen dort vielen anderen
Seeleuten und Händlern. Sie sahen arabische Schiffe, voll beladen mit Gold,
Silber, Gewürzen und Perlen.

Im Mai 1498 erreichte seine Flotte die indische Hafenstadt Calicut.
105 Hier war der Empfang abweisend. In dem reichen Hafen wollte niemand
die billigen Waren wie Spiegel und Glasperlen gegen Gewürze und
Seidentücher tauschen. Kurzerhand nahm Vasco da Gama einige Geiseln
und zwang die Inder zum Tausch.

Vasco da Gama wurde vom indischen König empfangen.
110 Er stand einem selbstbewussten Herrscher gegenüber, der sich den Fremden
überlegen fühlte. Das überraschte alle Portugiesen, denn sie hielten sich
für die Abgesandten des mächtigsten Königs auf Erden.

Vasco da Gama erhielt einen Brief des Herrschers von Calicut an den König
von Portugal und machte sich auf die Heimreise.

115 Sie war fürchterlich. Die Mannschaft musste gegen schwere Stürme kämpfen
und erkrankte an Skorbut*. Endlich erreichte die Flotte die Südspitze Afrikas.
Die Seeleute waren nun zuversichtlich, wieder zurück in ihre Heimat zu gelangen,
und seither heißt die Südspitze Afrikas „Kap der Guten Hoffnung".
Im Juli 1499 kam die Flotte in Lissabon an. Vasco da Gama wurde ein trium-

120 phaler Empfang bereitet. Der Traum Heinrichs des Seefahrers war Wirklichkeit
geworden: der Seeweg nach Indien.
Im Jahre 1502 fuhr Vasco da Gama wieder nach Indien – mit 21 schwer
bewaffneten Schiffen, um einen Stützpunkt zu erobern und Handelsrechte
zu erkämpfen. Mehr als 100 indische und arabische, zumeist kleinere Schiffe

125 stellten sich seiner Flotte entgegen. Die Portugiesen vernichteten die gegnerische Flotte fast vollständig. Danach wurde verhandelt und es gelang schließlich,
den Widerstand der indischen Fürsten gegen die Portugiesen zu überwinden.

Wer umsegelte als Erster die Erde?

Im September 1519 stach Ferdinand Magellan in See. Obwohl er selbst
auf den Philippinen von Inselbewohnern getötet wurde, gilt seine Expedition
130 als erste Umrundung der Erde.

Heute

1700   1800   1900   2000

---

* Skorbut: Krankheit, die auf einem Mangel an Vitamin C beruht

Galileo Galilei erforscht die Sterne

1 Galileo Galilei lebte vor 400 Jahren in Italien. Er war Mathematiker und
Astronom. Seine Entdeckungen am Himmel haben ihn berühmt gemacht.
Auf der Erde wäre er wegen dieser Entdeckungen fast mit dem Tode bestraft
worden. Was heute jedes Kind über Sonne, Mond und Sterne weiß, durfte
5 man damals nicht laut sagen.

Aber der Reihe nach.
Galileo Galilei wurde im Jahr 1564 in Pisa geboren. Er war
ein begabter Junge und sein Vater entschied, dass er Arzt
werden sollte. Schon mit 15 Jahren studierte er Medizin
10 an der Universität Pisa. Viel spannender fand er
aber Mathematik und Physik. Nach wenigen
Jahren brach er das Medizinstudium
ab und zog nach Florenz.
Dort konzentrierte er sich auf
15 seine beiden Lieblingsfächer –
er studierte Mathematik und
machte physikalische Experimente.

Im Alter von 25 Jahren kam Galilei zurück in seine Heimatstadt.
Er wurde Lehrer für Mathematik an der Universität von
20 Pisa und experimentierte weiter.
Man glaubte bisher, wie es der große griechische Philosoph Aristoteles vor 2000 Jahren
gesagt hatte, dass schwere Gegenstände
schneller zur Erde fallen als leichte.
25 Galileis Experimente und Berechnungen
ergaben aber etwas anderes.
Es wird erzählt, dass er seine Studenten
und Kollegen an den Schiefen Turm von
Pisa bestellte, um seine Ergebnisse zu
30 beweisen. Während sie unten warteten,
bestieg er die oberste Plattform und ließ
drei Kugeln gleichzeitig hinunterfallen.
Die Kugeln waren gleich groß, hatten aber
unterschiedliches Gewicht: die leichteste
35 war aus Holz, die mittelschwere aus
Kupfer und die schwerste aus Gold.
Obwohl die Kugeln nicht gleich schwer
waren, schlugen sie zum Erstaunen der
Zuschauer gleichzeitig am Boden auf.
40 Das konnte doch gar nicht sein!
Ein Teil der Zuschauer rief erstaunt:
„Er hat Aristoteles widerlegt!"
Andere hielten den Versuch für einen
Trick und begegneten Galilei von nun
45 an feindselig. Bald verließ er Pisa
und wurde Professor in Padua.

Holz

Kupfer

Gold

Schnell fand Galilei neue Freunde und
wohnte im Palazzo des Meisters Pinelli, der
auch andere berühmte Wissenschaftler und Künstler
50 beherbergte. Dort diskutierte man frei und offen.
Und eine wirklich „weltbewegende" Frage wurde zum Thema.
Vor wenigen Jahrzehnten hatte ein Astronom mit Namen Nikolaus Kopernikus
erkannt, dass sich die Erde zusammen mit den anderen Planeten in kreis-
förmigen Bahnen um die Sonne bewegt. Bisher hatte man geglaubt, dass
55 die Erde der Mittelpunkt des Weltalls sei – wie es in der Bibel steht – und
dass die Sonne, der Mond und die Sterne am Himmel um die Erde kreisen.
Die neuen Erkenntnisse über die Himmelskörper überzeugten Galilei und
seine Freunde. Sie wollten durch weitere Beobachtungen noch mehr über
sie erfahren.

60 Erforschungen am Himmel gingen aber auch den Papst und die Bischöfe
etwas an. Die Kirche erlaubte nicht, dass das, was in der Bibel steht,
in Frage gestellt wird. Sie beharrte auf der alten Vorstellung von der Erde
als Mittelpunkt des Weltalls. Wer eine andere Meinung vertrat, war ein
„Ketzer" und wurde von einem Kirchengericht mit dem Tode bestraft.
65 So ging es Pater Giordano Bruno, der früher auch ein Gast im Palazzo von
Meister Pinelli war. Aus Angst vor einer solchen Strafe sprach Galileo Galilei
in der Öffentlichkeit nicht von dem, was er über die Himmelskörper wusste.
Aber er forschte weiter.

Als er gerade wieder einmal Freunde in Venedig besuchte, erfuhr er eine
70 große Neuigkeit. In Holland hatten Glasschleifer ein Rohr gebaut, mit dem
man weit entfernte Dinge ganz nah sehen konnte. Ein Händler hatte das
fantastische Instrument sogar der Republik Venedig zum Kauf angeboten.
Wie funktioniert so ein Fernrohr? Augengläser für Weitsichtige (die Linsen
sind in der Mitte dicker als am Rand) hatten schon die Araber im 11. Jahr-
75 hundert erfunden. Brillen für Kurzsichtige (die Linsen sind am Rand dicker
als in der Mitte) gab es noch nicht lange. Holländische Glasschleifer hatten
die Idee, zwei solch unterschiedliche Linsen zu kombinieren, um ein Fernrohr zu bauen. Galileo machte sich sofort ans Werk. Er montierte Gläser mit
unterschiedlichen Wölbungen in ein Rohr. Nach etlichen Versuchen funktio-
80 nierte sein erstes, eigenes Fernrohr. Um den Holländern zuvorzukommen,
fuhr er sofort wieder nach Venedig und führte sein Fernrohr dem versammelten Großen Rat vor.
Es stieß vor allem bei den Kommandanten* der Flotte auf großes Interesse.
Damit konnte man weit entfernte Schiffe auf dem Meer entdecken, ein Vorteil
85 bei kriegerischen Auseinandersetzungen.

Galilei verdiente gut mit dem Verkauf seiner Fernrohre. Er testete weiter
neue Linsen und verbesserte das Gerät immer mehr. Sein wichtigstes Thema
war dabei die Beobachtung der Gestirne** geblieben. Immer schärfer wurde
das Bild vom Mond. Er konnte tiefe Krater und hohe Berge entdecken.
90 Er sah auch, dass das helle Band am Nachthimmel, die Milchstraße,
aus Millionen von Sternen besteht.

* Kommandant: Befehlshaber
** Gestirne: Begriff für größere Himmelskörper, die mit freiem Auge sichtbar sind

Am meisten überraschte ihn der Blick zum Planeten Jupiter. Er sah bei ihm vier kleine Sterne. Sie blieben aufgereiht wie auf einer Perlenschnur, standen aber in den folgenden Nächten an einer anderen Stelle als zuvor. Manchmal
95 waren nur zwei oder drei zu sehen. Das mussten Monde des Riesenplaneten sein – die vier Jupitermonde, die heute Galileische Monde heißen.
Galilei wurde an den Hof nach Florenz gerufen. Hier konnte er sich in aller Ruhe um seine Forschungen kümmern. Mit seiner Frau Maria gründete er eine Familie und hatte zwei Töchter und einen Sohn.

100 Galilei wurde in Florenz ein berühmter Mann. Nun wollte er auch beim Papst in Rom Anerkennung finden. Doch die Leute forderten immer lauter, Galilei vor das oberste Kirchengericht zu bringen: „Er behauptet, dass sich die Erde um die Sonne dreht." „Er zeigt den Menschen Sterne, die es nicht gibt."
„Er macht sich der Ketzerei schuldig." So wurde Galileo Galilei nach Rom
105 geladen und unter Todesstrafe gestellt. Diese blieb ihm erspart, als er auf Drängen der Kirche öffentlich erklärte, dass seine Behauptungen falsch, ketzerisch und ungehorsam gegenüber der Kirche seien. Aber seine Bücher wurden verbrannt und er stand künftig unter Hausarrest.
Seine letzten Jahre verbrachte Galilei in seinem Landhaus bei Florenz. Da er
110 anfangs ohne ausreichenden Schutz Sonnenbeobachtungen gemacht hatte, erblindete er schließlich. Galilei starb am 8. Januar 1642 mit 78 Jahren.
Sein Grabmal findet man heute in der Kirche Santa Croce in Florenz.

Entdecker verändern die Welt – mit Texten umgehen

Schätze des Orients, S. 90 – 95

Marco Polo, S. 90

1. Um welche Art von Text handelt es sich hier? Begründe. Überprüfe mithilfe des Fachwörter-Lexikons auf S. 190/191.

2. Finde eine Überschrift oder einen kurzen Satz für die einzelnen Abschnitte im Text. Arbeite mit einem Partner.

3. Wer war Marco Polo? Wodurch wurde er berühmt? Verfasse einen Steckbrief zu Marco Polo.

4. Was erschwerte ab 1350 den Handel mit Indien und China? Tausche dich mit einem Partner aus.

5. Wie viel Gold musste man damals in Venedig für ein Kilo Seide bezahlen? Nenne auch die Textzeile.

6. Wenn du mehr über Marco Polo erfahren willst, kannst du im Internet recherchieren oder dir einen Film ausleihen. Die Abenteuer von Marco Polo gibt es auch als Zeichentrickserie.

> **Tipp 7**
>
> **Lesen und informieren – 2**
> Wenn du jemanden über einen langen Text informieren willst, ist es gut, wenn du den Text gliederst: Wovon handelt der erste Absatz? Wovon handelt der zweite? Hervorhebungen im Text (z. B. Fettdruck) helfen dir dabei.

Heinrich der Seefahrer und Bartolomeu Diaz*, S. 91

1. a) Was erfährst du im Text über
   - das Ziel des portugiesischen Königssohns?
   - die Experten, die sich an seinem Hof versammelten?
   - den Namen des Kapitäns, der als Erster die Südspitze Afrikas erreichte?

   Die hervorgehobenen Wörter helfen dir. Schreibe Stichwörter.

   b) Erläutere mit einem Partner die Zeitleiste unter dem Text.

   c) Besprecht eure Ergebnisse in der Klasse.

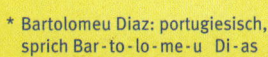

---

* Bartolomeu Diaz: portugiesisch, sprich Bar-to-lo-me-u Di-as

Kolumbus segelt nach Westen, S. 92/93

1. Vor dem Lesen: Was weißt du schon über Christoph Kolumbus? Was möchtest du über ihn wissen? Was erwartest du vom Text?

2. Nach dem Lesen: Hat der Text deine Erwartung erfüllt? Was hast du Neues erfahren? Begründe deine Aussage(n).

3. Bildet Gruppen. Jede Gruppe liest einen Abschnitt und stellt ihn in der Klasse vor. Lesetipp 5 hilft euch.
   - Der Plan von Kolumbus (Zeile 46 – 62)
   - Auf Entdeckungsreise (Zeile 63 – 78)
   - Begegnung mit den Spaniern (Zeile 79 – 94)

4. Schreibe Stichwörter zu den Fragen und besprecht sie in der Klasse.
   - Von Europa aus liegt Indien im Osten. Warum segelt Kolumbus nach Westen? (Zeile 46 – 51)
   - Wer rüstete Kolumbus mit Schiffen und Matrosen aus? (Zeile 57 – 62)
   - Wie benannte Kolumbus die von ihm entdeckten Inseln und deren Einwohner? (Zeile 70 – 78)
   - Wie kam es zu dem Namen „Amerika"?

Vasco da Gama, S. 94/95

1. Schreibe die Wörter auf, die du nicht verstehst. Frage nach oder informiere dich im Lexikon oder Internet.

2. a) Stellt ein Quiz mit acht Fragen zusammen (Lesetipp 3).

   b) Tauscht die Fragen in der Klasse aus und beantwortet sie.

   c) Welche Fragen haben euch am besten gefallen? Erstellt gemeinsam einen Quizordner mit euren Fragen.

Auf Entdeckungsreise

1. Fasse noch einmal der Reihe nach zusammen, welche Reisen die genannten Entdecker gemacht haben. Nimm dir die Zeitleiste und die Karte mit den Reiserouten auf S. 94 zur Hilfe.

2. Welchen Entdecker bzw. welche Reise findest du am interessantesten? Begründe deine Wahl.

3. Sammle weitere Informationen und Bilder zu deinem Lieblingsentdecker und gestalte ein Plakat. Stellt es in der Klasse oder im Schulhaus aus.

Galileo Galilei erforscht die Sterne, S. 96 – 100

1. Bildet Gruppen. Lernt den Text in einer Lesekonferenz (S. 180) kennen.

2. Erklärt die Begriffe „Astronom", „Himmelskörper", „Ketzer", „Fernrohr". Schaut dazu auch in einem Lexikon oder Sachbuch nach.

3. Wie gut hast du den Text verstanden?
   Welcher Lesetipp war für dich besonders hilfreich?
   Welche anderen Tipps kannst du noch geben?

4. Informiert die Klasse über das Leben von Galileo Galilei. Auf S. 178 findet ihr Tipps, wie ihr euren Vortrag vorbereiten könnt:
   • Text in Abschnitte gliedern
   • Überschriften finden und Stichwörter schreiben
   • Ein Schaubild zum Text gestalten.

5. Bewertet die Vorträge: Was war gut?
   Was könnte man besser machen?

6. Plant in der Klasse einen Besuch der Sternwarte.

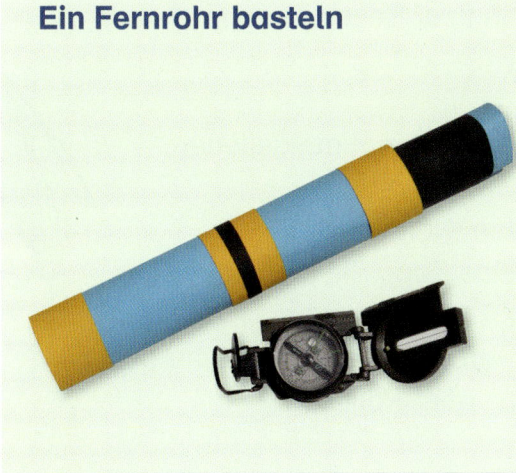

Ein Fernrohr basteln

So geht's:

• Beklebe eine alte Küchenrolle mit farbigem Papier.
• Schneide dünne Streifen aus und klebe sie um die Rolle.
• Schneide eine Klopapierrolle entlang der längeren Seite auf und male sie an oder beklebe sie.
• Klebe die aufgeschnittene Rolle enger zusammen, damit sie in die Küchenrolle passt. Jetzt kannst du dein Fernrohr auch ausziehen.

Die Sonne und ihre Planeten

Hier ist etwas verloren gegangen. Kannst du es trotzdem lesen?

So kannst du dir die Reihenfolge bzw. den Abstand der Planeten von der Sonne merken:

Mein Vater erklärt mir jeden Sonntag unseren Nachthimmel.

Merkur, Venus, Erde, Mars, Jupiter, Saturn, Uranus, Neptun

Potilla

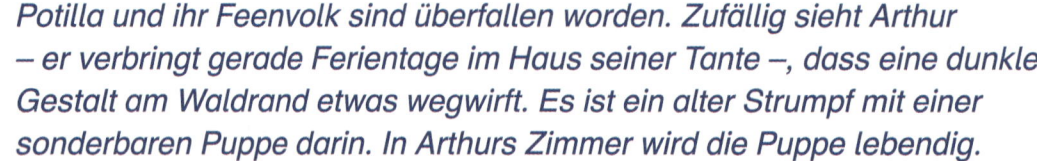

*1 Potilla und ihr Feenvolk sind überfallen worden. Zufällig sieht Arthur
– er verbringt gerade Ferientage im Haus seiner Tante –, dass eine dunkle
Gestalt am Waldrand etwas wegwirft. Es ist ein alter Strumpf mit einer
sonderbaren Puppe darin. In Arthurs Zimmer wird die Puppe lebendig.
5 Sie ist die Feenkönigin Potilla und braucht seine Hilfe, um ihr Volk zu retten.
Arthurs Cousins, es sind Zwillinge, halten Potilla für eine automatische
Puppe und holen sie heimlich aus seinem Zimmer.*

Potilla saß mit einem Puppenlächeln auf dem Teppich und ein Zwilling
presste seinen Finger auf ihren Kopf. „Das verdammte Ding funktioniert
10 nicht!", schimpfte er. Sein Bruder schob ihn zur Seite. „Lass mich mal."
Da bemerkten sie Arthur an der Tür.

„Hallo, Arthur", sagte Micky. „Wir haben sie nur mal ausgeliehen."
„Gebt sie sofort her!", sagte Arthur.
„Tun wir nicht!", sagte Micky. „Jetzt spielen wir mit ihr."
15 Donald quetschte seinen Finger auf Potillas Kopf. Sie lächelte weiter.
„Lass das!", sagte Arthur. „Sie funktioniert nur bei mir."
„Blödsinn!" Micky stand auf und guckte verächtlich auf Arthur herab.
„Wetten?" Arthur ging hin und beugte sich über Potilla.

Potillas Lächeln war wie weggewischt. Sie guckte sehr ärgerlich.
20 Arthur packte die Fee und ging ein paar Schritte zurück zur Tür.
Das hatten seine Cousins nicht erwartet. Arthur machte noch
einen Schritt weiter zur Tür. Sofort versperrte Donald ihm den Weg,
Micky baute sich vor ihm auf.
„Gib die Puppe her oder du bekommst mörderischen Ärger!", sagte Micky.
25 „Nein!", stieß Arthur hervor.
„Gib sie her oder wir verhauen dich!", sagte Micky und griff nach ihr.

Da hob Potilla die Arme. Erschrocken wich Micky zurück. „He, was hast du?",
fragte sein Bruder hinter Arthurs Rücken. Dann hörten sie Potilla raunen:

„Tote Dinge, sollt euch regen,
30 durch Potilla euch bewegen!
Leben spürt ihr heute Nacht
nur durch meine Feenmacht!"

Jetzt brach ein Höllensturm los. Micky
fuhr herum und sah die Truppen des
35 Kinderzimmers auf sich zukommen.
Ratternd, knatternd und scheppernd rollten,
watschelten und schlingerten Panzer und
Geländewagen, Roboter und Spacecars
von ihren Regalen herunter. Sie schnarrten
40 und holperten von allen Seiten auf ihre Besitzer los. In
irgendeiner Schublade stimmte ein Lachsack sein höhnisches Gejohle an.
Micky versuchte die durchgedrehten Apparate anzuhalten, aber es gelang
ihm nicht. Entsetzt lugte Donald hinter Arthurs Rücken hervor.

Arthur strahlte, triumphierend sah Potilla ihn an. Dann hob sie die Arme
45 und es wurde totenstill. Das Gesicht der Fee war wie aus Eis; ihre Blicke
waren wie nadelspitze Eissplitter. Langsam drehte sie den Kopf und starrte
erst Micky, dann Donald an. „Das ist 'ne Hexenpuppe", flüsterte Donald
und stolperte rasch zu seinem Bruder.

Arthur machte einen Schritt zurück und fühlte die Türklinke in seinem
50 Rücken. „Das war's dann", sagte er. Ohne sich umzudrehen,
schlüpfte er mit Potilla aus dem Zimmer.

Cornelia Funke

Baron von Münchhausen:
Das Pferd auf dem Kirchturm

1 War das ein langer und schneereicher Winter, als ich
zu meiner ersten Reise nach Russland aufbrach!
Glaubt nicht, dass ich gerne friere und mir deshalb diese
Jahreszeit für mein Vorhaben ausgesucht hätte. Der Grund ist einfach
5 der, dass Russland mit seinen vielen Flüssen und Seen im Winter besser
zu bereisen ist, weil alles zugefroren ist. Man reitet einfach der Nase
nach und querfeldein, ohne einen Gedanken daran zu verschwenden,
ob man den richtigen Weg gewählt hat.
Außerdem vermeidet man die sommerliche Mückenplage dort und
10 den Staub auf den Straßen, der einen dauernden Hustenreiz verursacht,
sodass man nicht recht vorwärtskommt. Natürlich ritt ich auf meinem
bewährten Leibross, das mir schon oft ein treuer Begleiter gewesen war.

Bevor ich nun meine Geschichte erzähle, gebe ich euch einen guten Rat:
Wenn ihr irgendwann nach Russland reist, dann zieht euch warm an!
15 Es ist in der Tat sehr kalt dort, erst recht durch den eisigen Wind,
der ungehindert über die flache Landschaft bläst. Ich betone das,
weil ich damals nicht die passende Kleidung gewählt hatte.
Bis auf die Knochen frierend, musste ich an jenem Tage Stunde
um Stunde reiten und konnte kaum noch einen klaren Gedanken
20 fassen. Je länger ich ritt, desto dunkler wurde es.
Nirgendwo war das Licht einer Herberge zu sehen – nur weite,
öde Schneelandschaft rings um mich her.

Ich war entsetzlich müde, mein Pferd auch. Es war so kalt, dass der Atem
des braven Tieres in der Luft gefror. Als ich mitten im Schnee eine kleine
25 Vertiefung entdeckte – das war in diesem Falle ein gemütliches Plätzchen –
band ich mein Pferd an einen dünnen Pfahl, der aus dem Boden ragte, und
legte mich hin. In meinen allzu leichten Reitermantel eingehüllt, fiel ich in
erschöpften Schlaf.

Was dann passierte? Ihr werdet es nicht glauben!

30 Am nächsten Morgen wachte ich erholt und ausgeruht auf. Aber wo
war ich? Erst glaubte ich zu träumen! Ich lag doch tatsächlich mitten auf
einem Friedhof. Weit und breit war kein Schnee mehr zu sehen. Die Kälte
war aus meinen Knochen gewichen. Munter sprang ich auf und schaute
mich um nach meinem Pferd. Es war weg. Dabei hatte ich es doch neben
35 mir angepflockt. Plötzlich hörte ich ein leises Wiehern hoch über mir.
Was war das? Ich blickte empor. Da hing es, mein treues Pferd,
an der Kirchturmspitze, und zappelte. Aber wie um alles in der
Welt war es denn da hinaufgekommen? Nur langsam begriff ich,
was geschehen war.

40 Das Dorf mitsamt der Kirche war unter einer Schnee-
decke gelegen. Während ich schlief, war der Schnee
nach und nach weggeschmolzen. Sanft wie auf
Engelsflügeln war ich zur Erde geglitten.
Mein Pferd aber nicht! Der Pfahl, an den ich
45 es gebunden hatte, war die Spitze des Kirch-
turms.
Was war zu tun? Ohne lange Überlegung zog
ich eine meiner Pistolen, die ich auf Reisen
immer bei mir führte. Ich legte an, zielte
50 und traf den Halfterstrick des Pferdes.
Mein guter Gaul landete auf seinen vier
Beinen und stand im nächsten Augenblick gesund und munter neben mir.
Ich schwang mich in den Sattel
55 und setzte meine abenteuerliche Reise fort.

Rumpelstilzchen

E. = Erzähler   Mü. = Müller   K. = König
T. = Tochter / Königin   Mä. = Männlein

1 E.: Es war einmal ein armer Müller. Der hatte eine schöne Tochter.
Nun ergab es sich, dass er mit dem König sprechen konnte.
Der Müller machte sich wichtig und sagte:

Mü.: Ich habe eine Tochter, die kann Stroh zu Gold spinnen.

5 K.: Das ist eine Kunst, die mir sehr gefällt. Bring deine Tochter
morgen auf mein Schloss. Ich will sie auf die Probe stellen.

E.: Als das Mädchen zum König kam, führte er es in eine Kammer
voller Stroh. Ein Spinnrad war auch da.

K. Wenn du bis morgen früh dieses Stroh nicht zu Gold gesponnen hast,
10 werde ich dich und deinen Vater bestrafen, weil er mich belogen hat.

E.: Dann schloss er die Kammer ab und das Mädchen blieb allein.
Vor Angst begann die Müllerstochter zu weinen und zu klagen:

T.: Hätte mein Vater den König nicht belogen! Er wird uns bestrafen.

E.: Da ging die Tür auf und ein kleines Männlein trat herein. Es sagte:

15 Mä.: Guten Abend, Müllerstochter, warum weinst du so sehr?

T.: Ach, ich soll Stroh zu Gold spinnen und kann es nicht.

Mä.: Was gibst du mir, wenn ich es dir spinne?

T.: Mein Halsband.

E.: Das Männlein nahm das Halsband und setzte sich an das Spinnrad.
20 Bis zum Morgen war alles Stroh zu Gold gesponnen.
Der König kam, sah das Gold und sprach:

K.: Alles Stroh zu Gold gesponnen – davon will ich noch mehr! Du musst noch eine Nacht für mich Gold spinnen. Tust du das nicht, werde ich dich und deinen Vater schwer bestrafen.

25 E.: Er ließ die Müllerstochter in eine größere Kammer bringen, mit mehr Stroh darin. Das Mädchen wusste sich nicht zu helfen und weinte. Wieder ging die Tür auf und das kleine Männlein erschien und sprach:

Mä.: Was gibst du mir, wenn ich dir das Gold spinne?

T.: Meinen Ring vom Finger.

30 E.: Das Männlein nahm den Ring und ließ das Spinnrad schnurren. Bis zum Morgen war alles Stroh zu Gold gesponnen. Der König freute sich sehr und sprach:

K.: Das viele, glänzende Gold bereitet mir eine große Freude. Davon will ich noch mehr haben. Wenn du noch eine Nacht für mich

35 Stroh zu Gold spinnst, werde ich dich heiraten und du wirst Königin.

E.: Als das Mädchen allein war, kam das Männlein zum dritten Mal und sagte:

Mä.: Was gibst du mir, wenn ich dir noch einmal helfe?

T.: Ich habe nichts mehr.

40 Mä.: Dann versprich mir, wenn du Königin wirst, dein erstes Kind.

E.: Die Müllerstochter wusste keinen Ausweg. Sie versprach, was das Männlein verlangte, und schon schnurrte das Spinnrad. Als der König am Morgen das Gold sah, heiratete er die schöne Müllerstochter und sie wurde eine Königin. Nach einem Jahr bekam

45 sie ein Kind und das Männlein trat in ihre Kammer und sagte:

Mä.: Nun gib mir das, was du mir versprochen hast.

T.: Mein Kind kann ich dir nicht geben.
Ich biete dir stattdessen
alle Schätze des Reiches an.

50 Mä.: Nein, deine Schätze will ich nicht.
Ich will etwas Lebendes haben.

E.:   Darüber jammerte und weinte die Königin so sehr, dass das Männlein
      Mitleid hatte und sagte:
Mä.: Gut, drei Tage lasse ich dir Zeit. Wenn du bis dahin meinen Namen
55   weißt, sollst du dein Kind behalten.
E.:   Die ganze Nacht besann sich die Königin auf alle Namen, die sie jemals
      gehört hatte. Sie schickte auch einen Boten aus, der überall nach neuen
      Namen suchte. Als am anderen Tag das Männlein kam, fing sie an:
T.:   Caspar.
60 Mä.: So heiß ich nicht.
T.:   Melchior.
Mä.: So heiß ich nicht.
T.:   Balzer.
Mä.: So heiß ich nicht.

65 E.:   Am zweiten Tag nannte sie die ungewöhnlichsten Namen, die sie
      gehört hatte: Rippenbiest, Hammelswade, Schnürbein. Wieder war
      die Antwort: „So heiß ich nicht." Am dritten Tag kam ihr Bote zurück.
      Er hatte an einem einsamen Waldrand ein Männlein gesehen,
      das auf einem Bein hüpfte und schrie:
70   „Heute back ich, morgen brau ich,
      übermorgen hol ich der Königin ihr Kind.
      Ach, wie gut, dass niemand weiß,
      dass ich Rumpelstilzchen heiß."
      Als das Männlein kam, fragte sie:
75 T.:   Heißt du Kunz?
Mä.: Nein, so heiß ich nicht.
T.:   Heißt du Heinz?
Mä.: Nein, so heiß ich nicht.
T.:   Heißt du Rumpelstilzchen?
80 Mä.: Das hat dir der Teufel gesagt.
E.:   Vor Zorn stieß das Männlein mit dem
      rechten Fuß so tief in die Erde hinein,
      dass es bis zum Leib versank.
      Dann packte es vor Wut den linken
85   Fuß mit beiden Händen und riss
      sich selbst mitten entzwei.

Märchen – *früher* und **heute**

Während Märchen früher vor allem über das Erzählen verbreitet wurden, werden sie heutzutage in allen möglichen Formen und Medien angeboten: in Märchenbüchern, als Theaterstück, Comic, Hörbuch, E-Book, im Internet sowie als Zeichentrick- oder Spielfilm.

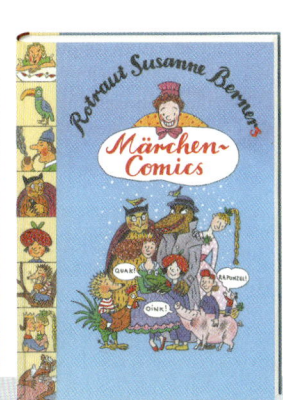

Märchenwoche im Fernsehen | TV-Programm

Datum	Uhrzeit	Titel	Sendeformat*
SO, 22.01.	14:05	**Die kleine Meerjungfrau** Die kleine Meerjungfrau verliebt sich in einen jungen Prinzen, den sie bei einem Sturm aus dem Meer rettet. Das Abenteuer beginnt …	Zeichentrickserie
MO, 23.01.	14:15	**Rumpelstilzchen** Ein armer Müller gibt beim König vor, seine Tochter könne Stroh zu Gold spinnen. Ob das Rumpelstilzchen ihr wohl helfen kann?	Spielfilm
DI, 24.01.	11:55	**Märchen aus aller Welt** Wer waren die Brüder Grimm? Welche Märchen gibt es noch? Kinderreporter Max geht den Fragen auf den Grund …	Kindersendung
MI, 25.01.	11:55	**Des Kaisers neue Kleider** Das Märchen von Hans Christian Andersen erzählt von einem Kaiser, der sich an der Nase herumführen lässt. Sind die neuen Kleider des Kaisers wirklich so kostbar wie versprochen?	Puppentheater
DO, 26.01.	09:30	**Sagenhafte Märchenwelt**	Quizsendung
FR	10:15		...dung

Rumpelstilzchen
im Film und Fernsehen

1 „Rumpelstilzchen" gehört zu den Kinder-
und Hausmärchen der Brüder Grimm.
Das Märchen ist schon über 200 Jahre alt,
aber noch immer begegnet uns die
5 Geschichte vom Männlein und der
Müllerstochter in Büchern und Filmen
sowie als Hörbuch und Hörspiel.
Der Märchenklassiker wurde schon oft
verfilmt. Auch in der Zeichentrickserie
10 „SimsalaGrimm" war er in der ersten
Staffel* zu sehen.
2009 wurde „Rumpelstilzchen" in der
Märchenreihe „Acht auf einen Streich"
für das Fernsehen neu gedreht.
15 Drehort war Schloss Bürresheim bei
Mayen in der Eifel. Außerdem diente
die Genovevahöhle in der Nähe von
Kordel in der Eifel als Behausung
von Rumpelstilzchen.
20 Robert Stadlober, ein Schauspieler
aus Österreich, spielt als Rumpelstilzchen die Hauptrolle des Films.

Filminfo

Regie:	Ulrich König
Kamera:	Ludwig Franz
Buch:	David Ungureit
Musik:	Andreas Weidinger
Länge:	60 Minuten

Dieser Film ist ein Hörfilm. Er beschreibt in den Pausen, in denen nicht
gesprochen wird, ganz kurz, was man
in der Filmszene sieht. Über ein soge-
nanntes Zweikanalton*-System können
blinde und sehbehinderte Menschen
diese Beschreibung dann hören.

* Staffel: Abschnitt von mehreren Folgen bei der Produktion einer Fernsehserie
** Zweikanalton: Übertragung der normalen Filmfassung und der Hörfilm-Fassung

Das bayerische Rotkäppchen

1 Er klopft, de Oma schreit: „Kimm rei!"
Sie moant, des Rotkäppchen daats sei,
do rennt da Woif nei, aus is, gor,
und frisst's glei zamm mit Haut und Horr.

5 Pressiern duads, er lafft ummanand,
ziagt o der Großmuada ihr Gwand,
dann er no schnoi de Schlofhaum nimmt
und wart, dass s Rotkäppchen boid kimmt.

Elfie Meindl

Griaß di God!

Liabs Madl, wo gehstn hi?

Schee, dast do bist.

Großmuada, wia schaugstn du heid aus?

Is wer dahoam?

Jo freili, kimm rei!

KLOPOTEKS BXER

1 *Motte und seine Freundin Lina sind auf dem Heimweg vom Kino. Im Dunkel*
einer Unterführung begegnen sie einem Hund. Helle gelbe Augen hat er wie
ein Wolf. Er schnappt nach Motte und verletzt ihn. Es ist nur ein Kratzer, aber
Motte merkt bald, dass sich sein Körper verändert: die Haare, die Hände,
5 *die Stimme, die Augen. Bald würde er aussehen wie dieser seltsame Hund.*
Motte ist verzweifelt und verabredet sich mit Lina. Er wirft ein Laken über
den Kopf und eilt nach oben zu ihrem Geheimversteck auf dem Dachboden.

Im Hausflur brannte kein Licht, aber für Mottes Wolfsaugen gab es
keine Dunkelheit. Das gefiel ihm an der Sache. Sehr sogar.
10 Lautlos huschte er die Treppe hinauf. Zweiter Stock. Dritter Stock.
Da – Herr Klopotek kam mit seinem Boxer aus der Tür.
Klopoteks Boxer.
Wenn Motte sein Hecheln im Treppenhaus hörte, versteckte er sich
in der Wohnung. Normalerweise. Aber heute Nacht war nichts
15 normal. Klopoteks Boxer stand nur ein paar Schritte von ihm
entfernt – und Motte hatte keine Angst.
„Aaaah!", brüllte Herr Klopotek. „Fass, Nero, fass!"
Frau Dinkelbier steckte den Kopf aus der Tür, sah
ein Gespenst – und schloss die Tür schnell wieder.
20 Herr Klopotek ließ die Hundeleine fallen.
Nero bleckte die Zähne, legte
die Ohren an und sprang auf Motte los.
An jedem Tag wäre Motte vor Angst
die Treppe runtergefallen. Heute
25 nicht. Sein Rücken krümmte sich,
seine Oberlippe hob sich bebend.
„Grrrrrr!", kam es aus seiner Brust.
„Rrrgggggrrrr!"
Er bleckte die Zähne,
30 sein Nackenfell sträubte sich.
Seine Krallen zerfetzten
das Betttuch.

Mit lautem Winseln wich der Boxer zurück und versteckte sich
hinter Herrn Klopoteks Beinen. Der lehnte zitternd in der offenen
35 Wohnungstür und hielt die Hände vor die Augen gepresst. Motte knurrte
ein letztes Mal, stolperte an Herrn Klopotek und seinem Boxer vorbei,
raste die Treppe hoch und verschwand in der offenen Dachbodentür.
Er rannte auf den riesigen Kleiderschrank zu, der in der dunkelsten Ecke
des Dachbodens stand. Motte riss die Tür auf, kroch durch
40 abgetragene Wintermäntel, ausrangierte Kleider und schob
den einen Teil der Rückwand zur Seite.
Da war es. Ihr Geheimversteck. Noch nie entdeckt. Motte roch Mäuse
und Mottenkugeln, alte Pizza und Linas Haarshampoo. „Na endlich!",
sagte Lina. Sie saß auf dem kaputten, alten Sofa, die Füße auf einem
45 wackeligen Tischchen. „Was soll die Verkleidung?"
„Hallo!", sagte Motte. Er zitterte am ganzen Körper.
„Kannst du vielleicht die Lampe ausknipsen?"
„Die Lampe ausknipsen? Bist du verrückt? Sonst kann es dir doch
immer gar nicht hell genug sein." Lina nahm die Beine vom Tisch
50 und stand auf. „Also, warum ist Alarmstufe Rot? Und was ist mit
deiner Stimme los? Du klingst ja wie Frankenstein oder so was."
„Es ist etwas Scheußliches passiert", sagte Motte. „Aber krieg
keinen Schreck, ja?" Mit einem Ruck zog er sich das Laken vom Kopf.
Lina quietschte auf wie ein kleines Schwein. Sie griff sich den eisernen
55 Kerzenständer, sprang aufs Sofa und schrie weiter.
Das war zu viel für Motte.
Das war einfach zu viel.

Lina sieht Mottes Verzweiflung.
Sie setzt sich zu ihm. – Was war
60 *da geschehen? Wie kann Motte*
geholfen werden? Die ganze
Geschichte kannst du im Buch
„Kleiner Werwolf" von
Cornelia Funke lesen.

Fantastisches und Märchenhaftes – mit Texten umgehen

Potilla, S. 104/105

1. a) Vor dem Lesen: Betrachte die Bilder. Wovon könnte der Text handeln?

   b) Bildet Kleingruppen. Jeder trägt einen Abschnitt ausdrucksvoll vor.

   c) Nach dem Lesen: Vergleicht eure Vermutungen vor dem Lesen mit dem Inhalt der Geschichte. Gibt es Übereinstimmungen?

2. Was passiert, als die Puppe Potilla zum Leben erwacht (Zeile 33 – 43)? Ergänzt die Tabelle. Überlegt, wie ihr den „Höllensturm" mit passenden Geräuschen nachahmen könnt. Benutzt Gegenstände und Sprachlaute.

Verben	Geräusche
rattern	*mit der Stimme: rat-tat-tat …*
scheppern	

3. Welche Rolle spielt Arthur bei den Ereignissen im Zimmer der Zwillinge?

4. Den Text hat Cornelia Funke geschrieben. Informiere dich über die Schriftstellerin, z. B. in der Autoren-Übersicht auf S. 188/189.

5. Wenn du wissen willst, wie die Geschichte weitergeht, lies das Buch „Potilla" von Cornelia Funke. Zum Buch gibt es auch ein Hörspiel.

Baron von Münchhausen, S. 106/107

Tipps zum Vorlesen

Lies den Text laut und übe die Stellen, die schwer zu sprechen sind. Beachte die Sprechregeln bei den Satzzeichen:

- Stelle wirklich eine Frage bei einem Fragezeichen.
- Sprich lauter bei einem Ausrufezeichen.
- Hebe die Stimme vor dem Komma, denn der Satz ist noch nicht zu Ende.
- Senke die Stimme beim Punkt und mache eine kleine Pause.

1. Übe das Vorlesen. Beachte dabei Lesetipp 8, siehe oben.

2. Wie erging es dir beim Vorlesen des Textes? Tauscht euch aus. Überlegt gemeinsam, wie ihr noch besser vorlesen könntet. Lest dazu auch die Seite „Lautes Lesen mit einem Partner", S. 186.

Baron von Münchhausen (Fortsetzung)

3. Finde die Antworten im Text. Schreibe kurze Sätze.
   - Welche Vorteile sieht Münchhausen, im Winter nach Russland zu reisen?
   - Wo übernachtet Münchhausen mit seinem Pferd?
   - Worüber wundert sich Münchhausen am Morgen?

4. Veranschauliche den Verlauf der Geschichte mithilfe eines Schaubildes. Auf S. 178 findest du Hilfen.

 5. Warum handelt es sich hier um eine Lügengeschichte? Was ist das Besondere daran? Sprecht darüber in der Klasse.

 6. Erzähle einem Partner eine faustdicke Lügengeschichte.

7. Wenn du mehr über Baron von Münchhausen erfahren willst, kannst du im Internet recherchieren oder dir einen Film ausleihen. Im Jahr 2013 wurden die Abenteuer des Lügenbarons neu verfilmt.

Rumpelstilzchen, S. 108 – 110

 1. a) Kennst du das Märchen zu diesem Rollenspiel? Erzähle es nach.

   b) Wer hat das Märchen geschrieben? Kennt ihr noch andere Märchen von diesen Autoren? Informiert euch im Internet oder in einem Lexikon.

   c) Woran erkennt ihr, dass Rumpelstilzchen ein Märchen ist? Sprecht in der Klasse darüber. Fachwörter findest du auch auf S. 190 / 191.

 2. Lest die Szenen in Gruppen mit verteilten Rollen.

> **Szene 1**, S. 108: Die Müllerstochter wird dem König vorgestellt.
> *Rollen: Erzähler, Müller, König, Tochter*

> **Szene 2**, S. 108 / 109: Die Müllerstochter begegnet einem Männlein.
> *Rollen: Erzähler, Männlein, Tochter*

> **Szene 3**, S. 109 / 110: Das Männlein fordert seinen Preis.
> *Rollen: Erzähler, Männlein, Tochter (Königin)*

> **Szene 4**, S. 110: Die Königin deckt den Namen des Männleins auf.
> *Rollen: Erzähler, Männlein, Tochter (Königin)*

3. Spielt das Rollenspiel auch wie eine kleine Theaterszene. Tipps zur Aufführung findet ihr auf der Seite „Texte aufführen", S. 185.

 4. Wer hat seine Rolle besonders gut vorgelesen und aufgeführt? Was könnte man besser machen? Sprecht in der Klasse darüber.

Märchen – früher und heute, S. 111

1. Märchen gibt es in allen möglichen Formen und Medien.
   Was haben Märchen gemeinsam? Stellt ihre Merkmale
   in einer Tabelle zusammen und sammelt hierfür Beispiele.

2. Welche Medien im Bereich Märchen kennt ihr?
   Vergleicht sie miteinander. Was gefällt euch am besten? Begründet.

3. Überlege dir mit einem Partner Fragen zum Fernsehprogramm.
   Stellt euch eure Fragen gegenseitig in kleinen Gruppen.
   Welche Fernsehsendung würde dich am meisten interessieren? Begründe.

4. Plant eine Märchenausstellung in eurem Klassenzimmer
   oder Schulhaus. Ihr könnt auch Medien in der Bibliothek ausleihen.

5. a) Hier sind zwei Märchenszenen als Comic dargestellt.
   Aus welchen bekannten Märchen stammen sie?

   b) Erzählt die Märchen nach.

6. In beiden Märchen spielt der Brunnen für die Figuren und Handlung
   eine besondere Rolle. Beschreibe, welche Bedeutung der Brunnen hat.

Rumpelstilzchen im Film und Fernsehen, S. 112

1. Es gibt mehrere Verfilmungen dieses Märchens. Wählt zusammen
   mit eurer Lehrerin eine davon aus und seht sie euch gemeinsam an.
   Notiert wichtige Filmstellen als Stichwörter und besprecht den Film.

2. Vergleicht: Ist die Handlung im Film anders als im Märchenbuch?
   Was ist im Buch besser als im Film? Was macht der Film besser als
   das Märchenbuch? Tragt eure Eindrücke in der Klasse zusammen.

3. Ihr könnt auch selbst eine Szene drehen. Spielt das Märchen
   „Rumpelstilzchen" als Rollenspiel (S. 108 – 110). Einer von euch filmt.

Rumpelstilzchen im Film und Fernsehen (Fortsetzung)

Rumpelstilz sucht Freunde

Lest das Gedicht zu zweit. Was ist bei diesem Rumpelstilzchen anders?

Ach wie dumm, dass niemand weiß,
dass ich Rumpelstilzchen heiß.

Niemand schreibt mir Liebesbriefe,
niemand fragt, ob ich gut schliefe.

Niemand schreibt mir
Ansichtskarten,
lädt mich ein in seinen Garten.

Niemand wünscht mir frohe Feste,
niemals kommen zu mir Gäste.

Niemals schrillt das Telefon,
so geht das seit Jahren schon.

Doch so will ich nicht verweilen,
deshalb schreib ich diese Zeilen.

Damit nun ein jeder weiß,
dass ich Rumpelstilzchen heiß.

Gerald Jatzek

Das bayerische Rotkäppchen, S. 113

1. a) Lies das Gedicht laut und betont vor. Beachte Lesetipp 2.
   b) Übersetze den Text mit einem Partner ins Hochdeutsche.
   c) Bewertet anschließend die Übersetzungen: Was war gut?
      Was könnte man besser machen? Sprecht in der Klasse darüber.

2. Vergleicht das bayerische Gedicht mit dem Märchen „Rotkäppchen".
   Was ist gleich? Worin unterscheidet es sich vom Originaltext?

3. Gestaltet die Begegnung zwischen dem Wolf und der Großmutter um.
   Auf S. 183 findet ihr Ideen, wie ihr die Szene umsetzen könnt.
   Was ist das Besondere an eurer Darstellungsform? Sprecht darüber.

Klopoteks Boxer, S. 114 / 115

1. Finde Fragen, die im Text beantwortet werden.
   Tausche die Fragen mit einem Partner und schreibe Stichwörter.

2. Motte und Lina sind auf dem Heimweg vom Kino.
   Welches Ereignis bringt die Handlung in Gang?
   Lies nach und nenne auch die Textzeilen.

3. Warum ist der Dachboden ein besonderer Ort für Motte und Lina?

4. Wie verläuft das Treffen von Lina und Motte im Geheimversteck?
   Lass deiner Fantasie freien Lauf und schreibe die Geschichte weiter.

5. Tragt eure Geschichten in der Klasse vor.

Papa, wann darf ich mit?

1 Erik muss warten, bis er neun Jahre alt ist. Jetzt endlich darf er mit seinem
Vater Andreas Kieling, einem bekannten Tierfilmer, den Sommer bei den
Grizzlys in Alaska verbringen.
Am 31. Mai 2004 starten Vater und Sohn zum Flug Frankfurt – Anchorage.
5 Mit einem Segelboot, das in den nächsten Monaten ihr Zuhause sein wird,
segeln sie zu den Aleuten*, einer Inselkette im Südwesten Alaskas.

Andreas Kieling beobachtet seit zwölf Jahren die Bären und kennt ihre Wander-
wege von den Winterquartieren zu den Futterplätzen im Sommer.
Nach einigen Tagen auf See erreichen Erik und sein Vater eine Lagune**,
10 die von weiten Salzgraswiesen umgeben ist. Sie leuchten bereits in kräftigem
Grün. Es ist eine Lieblingsstelle Andreas Kielings zur Beobachtung der Tiere.

Kaum angekommen, sehen sie die ersten Bären. Erik stellt verwundert fest:
„Die fressen ja Gras!" Nach seiner Vorstellung hätten die gewaltigen Raub-
tiere wohl einen Elch reißen sollen. Man sieht den Bären an, dass sie lange
15 geschlafen haben. Ihr Fell hängt weit und schlackernd an ihrem Körper
wie ein viel zu großer Mantel. Erik fragt misstrauisch, ob die Bären nicht
vielleicht doch Appetit auf ein, zwei nahrhafte Menschen hätten:
„Die sind doch total ausgehungert!" Er ist beinahe ein wenig enttäuscht,
dass die „Herrscher der Küste" sich so gut beobachten und filmen lassen.

20 Wenig später machen sich Vater und Sohn wieder auf die Fahrt, um bei dem
Festmahl der Grizzlys dabei zu sein. Zwischen Juni und Oktober findet der
Ansturm der Lachse statt. Die Fische kehren in großen Schwärmen aus dem
Meer zur Mündung der Flüsse zurück, in denen sie aus dem Laich geschlüpft
sind. Andreas Kieling hat die Lachswanderungen jahrelang beobachtet und
25 notiert, wann sie in „ihren Flüssen" ankommen. Mit einem Kanu führt er
Erik an eine besonders geeignete Stelle:

*   Aleuten: sprich A - le - u - ten
** Lagune: vom offenen Meer durch einen Streifen Land abgetrenntes Wasser

Unter einem breiten Wasserfall sammeln sich
viele Lachse in einem großen Becken. Nur wenige
können die Barriere* flussaufwärts überwinden.
30 Weiter unten am Fluss halten sich mehrere Bären
auf. Sie werfen sich ins Wasser, um die Lachse
durcheinanderzuwirbeln. Anschließend greifen
sie zu und halten ihre Beute zwischen den Vorderpfoten. Der Lachs wird an Ort und Stelle
35 verschlungen, um den Leckerbissen nicht
an einen Stärkeren zu verlieren.

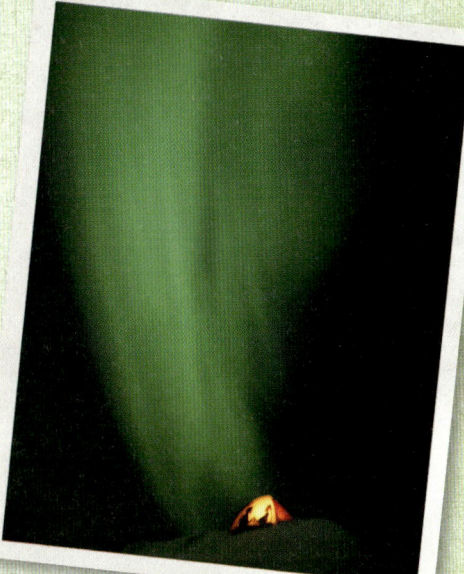

Auch Erik will sich an dem Lachsfang beteiligen –
aber nicht zu nahe bei den Bären, die ihn sonst
als Nahrungskonkurrenten angreifen würden.
40 Er wirft die Angelschnur ins große Becken,
die Rute biegt sich, der erste Lachs ist gefangen.
Erik angelt weiter. Für die nächsten Tage
sind sie mit frischem Fisch versorgt.

Als Mitte August die Tage kürzer
45 werden und die Nordlichter über
den Nachthimmel huschen, treten
Vater und Sohn die Rückreise an.
An einem heißen Tag Ende August
landen sie in Frankfurt.
50 Eriks erlebnisreicher Sommer bei
den Grizzlybären ist zu Ende.

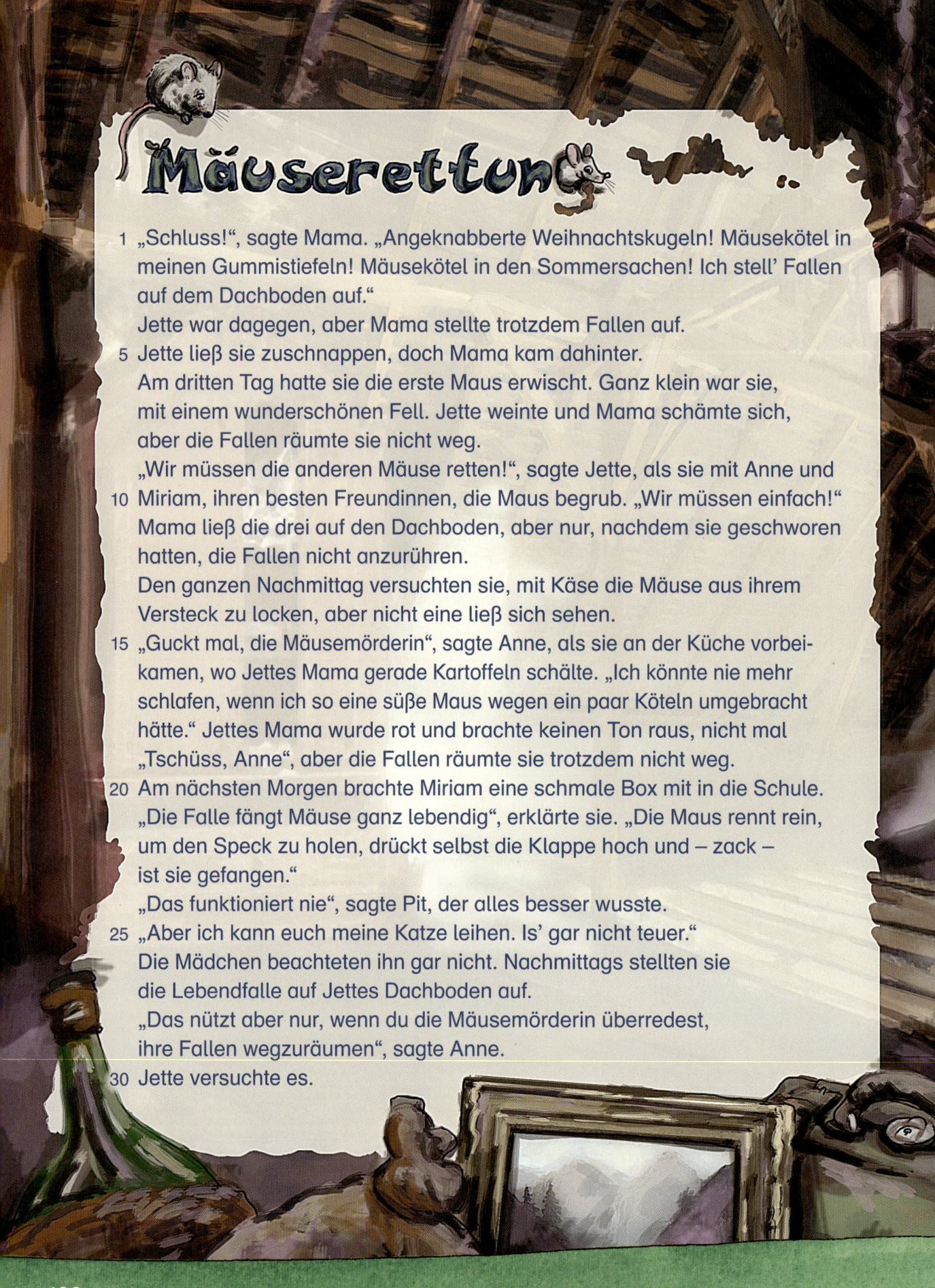

Mäuserettung

1 „Schluss!", sagte Mama. „Angeknabberte Weihnachtskugeln! Mäusekötel in
meinen Gummistiefeln! Mäusekötel in den Sommersachen! Ich stell' Fallen
auf dem Dachboden auf."
Jette war dagegen, aber Mama stellte trotzdem Fallen auf.
5 Jette ließ sie zuschnappen, doch Mama kam dahinter.
Am dritten Tag hatte sie die erste Maus erwischt. Ganz klein war sie,
mit einem wunderschönen Fell. Jette weinte und Mama schämte sich,
aber die Fallen räumte sie nicht weg.
„Wir müssen die anderen Mäuse retten!", sagte Jette, als sie mit Anne und
10 Miriam, ihren besten Freundinnen, die Maus begrub. „Wir müssen einfach!"
Mama ließ die drei auf den Dachboden, aber nur, nachdem sie geschworen
hatten, die Fallen nicht anzurühren.
Den ganzen Nachmittag versuchten sie, mit Käse die Mäuse aus ihrem
Versteck zu locken, aber nicht eine ließ sich sehen.
15 „Guckt mal, die Mäusemörderin", sagte Anne, als sie an der Küche vorbei-
kamen, wo Jettes Mama gerade Kartoffeln schälte. „Ich könnte nie mehr
schlafen, wenn ich so eine süße Maus wegen ein paar Köteln umgebracht
hätte." Jettes Mama wurde rot und brachte keinen Ton raus, nicht mal
„Tschüss, Anne", aber die Fallen räumte sie trotzdem nicht weg.
20 Am nächsten Morgen brachte Miriam eine schmale Box mit in die Schule.
„Die Falle fängt Mäuse ganz lebendig", erklärte sie. „Die Maus rennt rein,
um den Speck zu holen, drückt selbst die Klappe hoch und – zack –
ist sie gefangen."
„Das funktioniert nie", sagte Pit, der alles besser wusste.
25 „Aber ich kann euch meine Katze leihen. Is' gar nicht teuer."
Die Mädchen beachteten ihn gar nicht. Nachmittags stellten sie
die Lebendfalle auf Jettes Dachboden auf.
„Das nützt aber nur, wenn du die Mäusemörderin überredest,
ihre Fallen wegzuräumen", sagte Anne.
30 Jette versuchte es.

„Okay", sagte Mama. „Ihr habt drei Tage."

Am ersten Nachmittag passierte nichts. Wunderbaren Speck legte Jette in die Falle. Mindestens zehnmal sahen sie nach, ob die Klappe schon zu war. Aber keine Maus ließ sich blicken. Als sie am nächsten Morgen vor dem

35 Frühstück auf den Dachboden stieg, baumelte ein Schwänzchen aus der Drahtröhre. Vor Aufregung fiel Jette fast die Leiter runter.

„Mama! Wir haben eine!", schrie sie und rannte mit der Falle in die Küche.

„Guck mal, die kleinen Pfoten. Sieht sie nicht süß aus?"

Papa betrachtete die Maus so entzückt, dass er seine Zeitung vergaß.

40 „Die war bei uns auf dem Dachboden?", fragte er.

„Nicht nur die", sagte Mama, und zu Jette sagte sie: „Gut. Der Waffenstill-stand wird verlängert. Aber in einer Woche müssen die Mäuse weg sein, sonst stell ich wieder meine Fallen auf."

„Deine Fallen?", fragte Papa.

45 „Todesfallen!", raunte Jette ihm zu.

„Was tust du?" Papa guckte Mama so entsetzt an, dass sie sich an ihrem Kaffee verschluckte.

„Sie haben die Weihnachtskugeln angeknabbert", murmelte sie.

„Und überall liegen Kötel rum."

50 „Was! Die Todesstrafe für angeknabberte Kugeln und Kötel?", fragte Papa.

Am nächsten Morgen warf Mama die Fallen in den Müll.

Papa, Jette, Miriam und Anne fingen noch neun kleine Mäuse auf dem Dachboden. Lebend natürlich. Sie brachten sie zusammen in den Wald.

„Die kommen bestimmt wieder", sagte Mama, aber frische Mäusekötel fand

55 sie erst vier Monate später. Und da machten sich Miriam, Anne und Jette mit Papa wieder auf die Jagd …

Cornelia Funke

Der Hase Theodor

1 Seit mehr als einem Jahr bewohnt der Hase Theodor einen Stall in unserem
Garten. Clemens hat sich ein Häschen zu seinem sechsten Geburtstag
gewünscht. Bei Nachbarn hatte er einen Hasen gesehen, der sehr viel
kleiner war als alle Hasen im Wald – ein Hasenzwerg, und ganz, ganz

5 zahm! Wir glaubten ihm erst nicht, denn wir erinnerten uns an Stallkaninchen, an mächtige, kräftige Tiere. „Ihr habt keine Ahnung", sagte Clemens.
Wir hatten keine Ahnung, dass inzwischen Kaninchen auf Zwergengröße
gezüchtet worden waren. Zum reinen Vergnügen. Nicht mehr, um Felle
zu liefern oder in den Kochtopf zu wandern. Diese Zwergenhasen sind

10 ein Modeartikel. So, wie es Angorakatzen oder kleine Pudel sind.
Für den Schoß und für das Zimmer.
Wir, Vater wie Mutter, sprachen uns gegen das kleine Tier aus.
Clemens war nicht abzubringen.
Dann kamen alle üblichen Elternforderungen: Du musst wirklich für das Tier

15 sorgen! Du musst es täglich füttern! Du musst den Stall putzen, hörst du,
Clemens. Clemens bejahte alles, und so entschlossen wir uns, eines dieser
Zwergkaninchen zu kaufen.

Vor einem Jahr waren sie noch nicht so in Mode. Und ich sage „Mode" ganz böse, weil ich finde, dass alle Modetiere eigentlich geschundene Wesen sind.

20 Clemens musste vor dem Laden warten, denn er sollte sein Geschenk nicht vor dem Geburtstag sehen. Seine drei Geschwister und wir Eltern suchten unter vier Wollzwergen das Gewünschte aus. Es hatte kürzere Ohren als normale Hasen, kleine Löffel also, und war nicht größer als eine Hand. Ganz weiß das Fell, mit schwarzen Härchen an den Löffelspitzen und den

25 Vorderpfoten, und rote, ein wenig dumm glotzende Äuglein. Wir fanden es lieb. Der Händler erläuterte uns, dass das Tierchen weder Wasser noch Milch braucht. Alle Nager nehmen die nötige Flüssigkeit mit den Gemüsen auf, die sie täglich in großen Mengen verzehren.

Clemens war entzückt. Wir suchten verzweifelt nach einem Namen und

30 fanden, „Theodor" wäre eigentlich schön. Der Name ist ein bisschen größer als der Hase, aber er hat sich an ihn gewöhnt. Wir uns auch.

Die Gewöhnung jedoch brachte es mit sich, dass Clemens das Tier in seinem Stall bald vergaß. Er sagte zwar: „Mein Theodor …" Für den Hasen war das keine Hilfe, denn er vergaß, ihn zu füttern. Sein ältester Bruder,

35 der Fabian, putzt den Stall alle zwei Wochen und ich, sein Vater, lasse Theodor den nötigen Auslauf. Nur die dreijährige Sophie geht jeden Morgen zum Stall und guckt, ob es dem Theodor gut geht. Da sie ihm aber nur selten Salat oder Karotten bringt, hilft es dem Theodor wenig.

Ich finde es ohnehin schlimm, dass es diese auf Handgröße gezüchteten
40 Wesen gibt. Was helfen uns Hunde, die in Blumenvasen passen?
In früheren Zeiten hatten Hunde die Pflicht, zu jagen oder zu wachen.
Heute beißen sie allenfalls den Briefträger oder müssen zum Tierarzt,
weil sie mit den Nerven herunter sind.
Zum Beispiel Theodor: Wenn wir ihn ins Wohnzimmer holen, damit er
45 herumrennen kann, schlägt er jede Minute einen Haken, weil er eben
ein Hase ist. Doch er schlägt diese Haken ohne Sinn. Kein Fuchs jagt
hinter ihm her. So wird der Haken zum bloßen Kunststück, über das sich
Kinder wie der Clemens freuen. Theodor ist zum Artisten geworden,
zum dummen August. Ich muss zugeben, dass mich dies alles zornig macht.
50 Die Geschichte hat ein bitteres Ende.
Der Theodor hat eigentlich Fürsorge genug, doch er ist zu dumm,
ein lebenstüchtiger Hase zu sein. Allen Nagern wachsen die Zähne
über die normale Größe hinaus, wenn sie sich nicht täglich an harten
Gegenständen „verbeißen". Theodor hat es eine Weile getan, bis er es vergaß.
55 Dann begannen ihm die Vorderzähne zu wachsen, über die kleine Schnauze
hinaus, wurden länger und länger. Morgen gehen wir zum Tierarzt, der sie
vermutlich abzwicken wird. Schon jetzt kann Theodor kaum noch fressen.
Er ist ein nettes Spielzeug geworden und hat deshalb vergessen, dass er
ein Nagetier ist. Jetzt können ihm nur die Menschen noch helfen.
60 Die Menschen, die früher die Feinde des Hasen waren.
Im Grunde sind sie es noch immer.

Peter Härtling

Der Löwe und das Mäuschen

1 Ein Mäuschen lief hin und her und über die Pranken eines schlafenden
Löwen. Davon erwachte er. Verärgert packte der Löwe das Mäuschen
mit seiner gewaltigen Tatze und erdrückte es fast.

„Verzeih mir", flehte das Mäuschen und piepste: „Ich habe dich nicht stören
5 wollen. Ich hätte vorsichtiger sein müssen. Bitte schenke mir mein Leben.
Ewig will ich dir dafür dankbar sein und alles für dich tun, was ich kann."

Da musste der mächtige Löwe lachen: „Was kannst du kleines Mäuschen
jemals für einen Löwen tun!" Aber er lockerte den Griff seiner Pranke und
schenkte dem winzigen Störenfried großmütig die Freiheit.

10 Kurze Zeit darauf hörte das Mäuschen in seinem Loch ein fürchterliches
Löwengebrüll. Neugierig lief es heraus und sah, dass der großmütige,
mächtige Löwe in einem Netz gefangen war. Es fesselte ihn so eng,
dass er sich nicht befreien konnte. Das Mäuschen machte sich sofort
ans Werk und zernagte ein Fangseil. Das Netz lockerte sich.
15 Nun konnte es der Löwe mit seinen Tatzen zerreißen – und war frei.

Auch Kleine können Großen helfen, sie dürfen nicht verachtet werden.

nach Äsop

Tiere und Natur erleben und entdecken – mit Texten umgehen

Papa, wann darf ich mit?, S. 120 / 121

1. Finde Alaska – Anchorage – Aleuten* im Atlas.

2. a) Welchen Beruf übt Eriks Vater aus?

   b) Schreibt weitere ungewöhnliche Berufe auf,
      z. B. ein Pferdeflüsterer, eine Tierzüchterin …

   c) Tauscht euch in der Klasse darüber aus.

3. Die Zeilen 20 – 36 beschreiben den Zug der Lachse.
   Schreibe Stichwörter heraus und erzähle vor der Klasse.
   Beachte dabei Lesetipp 6. Weitere Hilfen findest du auf S. 179.

4. Wähle einen Arbeitsauftrag aus und bearbeite ihn.
   - Schreibe einen Steckbrief über Bären. Lies dazu den Text.
     Du kannst dich auch im Internet oder in Sachbüchern informieren.
   - Erik schreibt seinem Freund einen Brief und erzählt von
     seinem Sommer in Alaska. Wie könnte der Brief aussehen?
     Schreibe aus Eriks Sicht einen Brief an seinen Freund.

Mäuserettung, S. 122 / 123

1. Lernt den Text in einer Lesekonferenz (S. 180) näher kennen.

2. Besprecht die Fragen in der Gruppe. Schreibt kurze Sätze.
   - Die Mutter stellt Fallen auf. Welche Gründe nennt sie?
   - Was schlägt Jette vor, um die Mäuse zu retten?
     Wie reagiert ihre Mutter auf den Vorschlag?
   - Was veranlasst die Mutter, ihre Fallen in den Müll zu werfen?

3. Mäusekötel sind unangenehm und können Krankheiten verursachen.
   Nennt Beispiele, wo Tiere in Wohngebieten die Menschen belästigen.

Der Hase Theodor, S. 124 – 126

1. Clemens wünscht sich ein Zwergkaninchen.
   Worin unterscheidet es sich von Hasen und Stallkaninchen?

2. Was fordern die Eltern von Clemens?

3. Wie sieht das junge Zwergkaninchen von Clemens aus?
   Lies die Beschreibung im Text auf S. 125 nach und male es.

4. Wie genau nimmt es Clemens mit der Pflege seines Haustiers?

Der Hase Theodor, S. 124 – 126 (Fortsetzung)

5. Die Geschichte wird aus der Sicht von Clemens' Vater erzählt.
   Stell dir vor, wie Clemens selbst über die Situation denkt.
   Schreibe seine möglichen Gefühle und Gedanken auf.

6. Schau dir mit einem Partner das Schaubild an.
   Vergleicht die Lebensdauer der Tiere in der Natur und als Zuchttier.

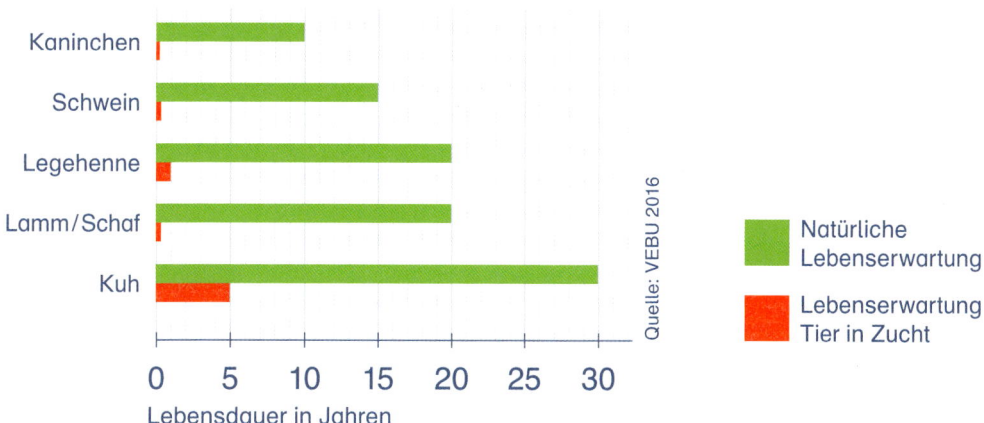

7. Was denkt ihr über die Haltung von Haustieren? Wie können Haustiere
   artgerecht gehalten werden? Stellt Vor- und Nachteile in einer Tabelle
   zusammen und tragt eure Argumente in der Klasse vor.

Der Löwe und das Mäuschen, S. 127

1. Lies die Fabel. Woran erkennst du,
   dass der Text eine Fabel ist?
   Fachwörter findest du auch auf S. 190 / 191.

2. a) Male zur Fabel einen Comic.

   b) Ordnet den beiden Tieren diese Eigenschaften
      in einer Tabelle zu:
      winzig, überheblich, ängstlich, wütend, schlau.
      Welche Eigenschaften passen noch zu den beiden Tieren? Ergänze.

   c) Die Fabel handelt von einem Starken und einem Schwachen.
      Am Schluss wird ein Rat zum rechten Handeln gegeben:
      die Moral von der Geschichte.
      Übertrage die Moral auf einen Vorfall, der dir selbst oder jemandem
      aus der Klasse passiert ist. Sprecht in der Klasse darüber.

3. Äsop hat noch weitere Fabeln geschrieben. Sammelt Beispiele.
   Welche Fabeldichter begegnen euch dabei noch?

Wenn dich ein Löwe nach der Uhrzeit fragt

1 Temeos Vater ist der Geologe Dr. Kirschstein aus Deutschland.
Temeo sagt *Mister King* zu seinem Vater, denn in dieser Gegend von
Tansania ist Dr. Kirschstein geachtet und bekannt als der „König der Steine".
Er sucht dort mit seinen Arbeitern nach Edelsteinen.

5 Temeos Mutter – seine *Mama Masiti* – ist Masiti Mlenga Kapunga aus
Tansania. Sie betreibt eine kleine Hühnerfarm und der 12-jährige Temeo
muss mithelfen. Eigentlich heißt er Thomas, Thomas Kirschstein,
aber seine Mutter ruft ihn immer Temeo – und fast jeder andere auch.

Temeo rupft gerade ein Huhn. Das kann keiner so fix und ordentlich wie er.
10 Mama Masiti verkauft die fertigen Hühner auf dem Markt.
Plötzlich hört er ein wildes Durcheinander und Geschrei.
Temeo unterbricht seine Arbeit, auch Mama Masiti eilt herbei.
Ein Unglück ist geschehen. Temeos Vater ist in der Edelstein-
grube gestürzt und wird – schwer verletzt – ins Haus getragen.
15 Der Arzt kommt. Er wird noch viele Male kommen und Mama
Masiti muss Geld leihen, um für seine Besuche zu bezahlen.

Sie beauftragt Temeo mit diesem Bittgang zu Freunden
und Bekannten. Es ist nicht so wie bei eiligen Aufträgen
von Mama Masiti. „Dann bleibst du am besten nirgendwo
20 stehen. Egal ob da eine Schlange über den Weg kriecht.
Oder dich ein Löwe nach der Uhrzeit fragt."
Nein, eilig muss Temeo den Auftrag nicht ausführen,
aber klug und geschickt.
Temeo macht sich auf den Weg in ungewohnter „Gockel-
25 Kleidung". Mama Masiti hat sie auf dem Markt gekauft.

Temeo erzählt

Ich weiß nicht mehr, warum ich zuerst zu Mister Christofer nach Udjidji ging.
Es war ein schöner Weg, aber schon nach hundert Metern waren die neuen
Schuhe verstaubt. Mama Masiti hatte daran gedacht und mir einen Lappen
in die Hosentasche gesteckt. Ich war erst vor zwei Wochen mit Mister King
30 dort gewesen, zu einem Besuch auf der landwirtschaftlichen Versuchsstation.
Wo sie neue Pflanzen ausprobieren. Dieser Mister Christofer kam aus der
Schweiz, Papa kannte ihn gut. Sie hatten sich unterhalten und laut gelacht.

Heute wäre ich beinahe nicht lebend in Udjidji angekommen. Plötzlich
stürmte nämlich eine Herde Watussi*-Ungeheuer um die Ecke. Braune
35 Ungetüme mit riesigen Hörnern. Als sie auftauchten, waren sie schon so
nah, dass ich ihr Schnauben nicht nur hören, sondern auch spüren konnte.
Diese Viecher weichen keinen Millimeter aus. Gerade noch rechtzeitig
konnte ich mich in ein Maisfeld werfen. Du kannst dir vielleicht vorstellen,
wie danach meine neue Jacke aussah.

40 Nach drei Stunden kam ich ziemlich schlecht gelaunt in Udjidji an.
Ein Schwarzer in Uniform stand an der Zufahrt zur Versuchsstation.
„Wo willst du hin? Hier kommt keiner rein!"
Ich ärgerte mich, weil er so herablassend sprach.
„Mach Platz! Mister Christofer erwartet mich. Habe ich mich verständlich
45 ausgedrückt?" Ich zog demonstrativ meine Jacke aus und schüttelte sie,
doch der Schmutz saß zu tief.
„Was willst du von ihm?"
„Privatsache", sagte ich. Er sollte nicht glauben, er hätte einen beliebigen
schwarzen Jungen vor sich. „Was ist nun? Zeig mir sein Haus!"
50 Endlich wies er mit der Hand auf ein altes Kolonialgebäude. Es stammte
noch von den Deutschen, die sich hier früher breitgemacht hatten.
Ich gab mir Mühe, lässig zu gehen. In Wahrheit fiel mir das Herz in die Hose,
wenn ich an meinen Auftrag dachte.

* Watussi: Hausrindrasse in Ostafrika

Mister Christofer und eine schwarzhaarige Weiße saßen auf der Veranda.
55 Jetzt war es wichtig, ganz sicher aufzutreten.
„Na, was willst du von uns, mein Junge? Hab ich dich nicht schon mal hier gesehen?" Ich streckte dem Mann meine Rechte hin und gab der schönen Frau mit einer leichten Verbeugung die Hand. Das war schon mal nicht schlecht, dachte ich.
60 „Ich bin Thomas Kirschstein aus Kigoma", sagte ich. „Ich würde gern etwas mit Ihnen bereden." „Setz dich", sagte die Frau, „ich heiße Susanna."
Ich bekam Limonade und Kuchen, den ich heißhungrig aß.
Jetzt musste ich zur Sache kommen.

„Doktor Kirschstein, mein Vater, ist in der Grube verunglückt."
65 „Wir haben davon gehört. Ist er schlimm verletzt?"
„Es ist verdammt schlimm", sagte ich. Ich lehnte mich lässig zurück und schlug ein Bein über das andere. „Doktor Mazumdar kommt jeden Tag. Und so ein Arzt – na, Sie wissen schon!" Die beiden sahen mich verständnislos an. „So ein Arzt kostet eine Menge", sagte ich.
70 „Nimm noch ein Stück Kuchen", sagte die Frau, als hätte ich nichts gesagt. Hatte ich etwas falsch gemacht?
„Der Arzt kommt also jeden Tag?", fragte der Mann, der sehr nett aussah, aber nicht so toll wie seine Frau. „Jeden Tag", sagte ich, „und er kostet was." Warum verstanden sie mich nicht? Ich hatte keine Ahnung, wie ich
75 weitermachen sollte.

Jetzt stand der Mann auf, sagte ein paar Worte in seiner Sprache zu seiner
Frau und ging ins Haus. Ich saß mit ihr allein. Ich hatte keine Übung darin,
mit schönen weißen Frauen zu reden. Ob ich sie auf Geld ansprechen sollte?
Mister Christofer kam zurück. „Ich bring dich dann mal zum Ausgang", sagte er.

80 Was blieb mir übrig, als mich zu erheben?
Ich gab der Frau die Hand. „Wie nennt dich deine Mutter?", fragte sie
unvermittelt. „Temeo", sagte ich und ärgerte mich sofort darüber.
„Also, alles Gute, Temeo. Und alle guten Wünsche für deinen Vater!"
Sie lächelte auf eine Weise, die mich verunsicherte.

85 Auf dem Weg zum Ausgang redete Mister Christofer von Fruchtfolgen,
von Erbsen und Bohnen, Tee und Wasserpumpen. Ich aber suchte
verzweifelt nach Worten, mit denen ich ihn unterbrechen konnte.
Ich war drauf und dran, meinen Auftrag zu verpatzen.

Mister Christofer streckte mir seine große Hand hin.

90 „Mach's gut, Temeo. Grüße Mama Masiti. Und deinen Vater."
Ich fühlte mich wie die letzte Nulpe*. Was sollte ich sagen?
„Und gib diese Kleinigkeit deiner Mama", sagte er, gab mir einen Umschlag,
lächelte und drehte sich um. Als ich außer Sichtweite war, riss ich
den Umschlag auf. Es waren Dollars, eine ganze Menge sogar!

95 Der Rückweg war komischerweise kürzer. Wenn einem
so unerwartet etwas Schwieriges gelingt,
fühlt man sich so, dass man vor sich
hin lächelt. Das kennst du sicher.
Ein bisschen wie ein Held.

Hermann Schulz

---

* Nulpe: Umgangssprachliche Bezeichnung für Dummkopf oder Versager

Fremd, aber sicher

1 **Mohamad und seine Familie sind aus Syrien geflohen. In ein Land, dessen Sprache sie nicht kannten. Dort hatten sie ungewöhnliches Glück.**

Mohamad flitzt auf Rollerblades an seinen Brüdern
5 vorbei und ruft ihnen etwas auf Arabisch zu. Dann bremst er neben einem Mädchen, das vor dem Haus sitzt, und fragt es auf Deutsch, ob es mit zum Spielplatz komme. Mohamad ist neun Jahre alt, kommt aus Syrien und wohnt in einem Ort in
10 der Nähe von München. Seit wenigen Wochen erst, aber er kennt schon viele Kinder aus der Nachbarschaft.

Als Mohamad vor einem Jahr mit seinen vier jüngeren Brüdern und seinen Eltern
15 in München ankam, sprach er noch kein Deutsch. Mittlerweile hat er so viel gelernt, dass er oft sogar für seine Familie übersetzt. Zum Beispiel, als die Lehrer seinen Eltern zum ersten Schultag etwas erklärt haben, oder als
20 sein kleinster Bruder zum Arzt musste.

Mohamad und seine Eltern hatten Glück, denn dort, wo sie jetzt wohnen, gibt es Leute, die sich für Flüchtlinge interessieren. Die haben der Familie geholfen, eine Wohnung zu finden. Sie haben Jacken und
25 Fahrräder besorgt und einen Deutschkurs für Mohamads Vater organisiert. Der hat in Syrien ein Restaurant geführt und hofft, auch hier bald Arbeit zu finden.

Die ersten Monate in Deutschland waren ziemlich anstrengend für Mohamad. Zusammen mit seinen Brüdern und Eltern wohnte er in einem Zimmer in einem
30 großen Heim für Flüchtlinge.

Deutschland

Libyen

Am Anfang durfte Mohamad noch nicht zur Schule gehen. Das Schlimmste aber war, dass die Familie nicht wusste, ob sie in Deutschland bleiben dürfe. Mohamads kleiner Bruder wachte nachts auf und schrie, und seine Mutter wälzte sich im Schlaf hin und her, 35 weil sie Angst hatte, dass die Familie wieder nach Syrien abgeschoben und dort umgebracht wird.

Die Flucht aus Syrien war sehr gefährlich. Sie waren mehrere Monate unterwegs, mussten Ägypten und Libyen durchqueren. Mohamads 40 jüngster Bruder kam auf der Reise zur Welt. Eines Nachts stiegen sie alle in ein kleines Boot, um das Mittelmeer zu überqueren. Das Boot war so voll, dass Mohamad mit vielen Menschen dicht an dicht auf dem Boden 45 hockte. Zum Schutz gegen Sonne und Regen spannten sie über ihre Köpfe ein Dach aus Plastikplanen. Vier Tage und Nächte saß Mohamad so auf dem Boot, um ihn herum sah er nur Wasser. Es hätte tödlich enden 50 können. Doch sie schafften es an die Küste von Europa. Die Familie reiste weiter und bat in Deutschland um Asyl.

Mit Erfolg: Gerade hat ihnen der deutsche Staat erlaubt, die nächsten Jahre zu bleiben. Mohamad zeigt 55 stolz die blauen Flüchtlingsausweise. Aber die Reise ist noch nicht beendet. Denn das Haus, in dem die Familie wohnt, wird abgerissen. Die Helfer suchen nach einer neuen Wohnung, doch das ist schwierig. Mohamad hofft, dass er auch in der neuen Nachbarschaft schnell Freunde finden wird.

Inga Rahmsdorf

Syrien

Ägypten

DER MENSCHENFRESSER

1 Am Rande unserer Stadt gibt es ein Neubaugebiet, das die Leute im alten
Teil der Stadt nicht mögen. Sie behaupten: In den Hochhäusern gibt's viele
Kriminelle. Wenn sie schimpfen, denke ich an Michis Menschenfresser.

Michi war damals mein bester Freund. Einmal durchstreiften wir nach
5 der Schule die Kleingärtneranlage – sie lag dort, wo jetzt die Hochhäuser
stehen. Vor einem Platz voller Unkraut, Müll und verrosteter Bettgestelle
hielt Michi an. „Weißt du, was? Das wird *unser* Garten. Einen Zaun haben
wir schon." Wir rammten die Bettgestelle in die Erde. Dann legten wir
den Müll auf einen Haufen und verbrannten ihn.

10 Am nächsten Tag kamen wir wieder. Wir gruben und hackten, als ein Mann
den Hauptweg herunterschwankte. „Der ist sternhagelvoll", flüsterte Michi.
Der Mann blieb stehen. „Was … was macht ihr denn hier?" Er war riesig
und sah wüst aus. Sein Gesicht war zerklüftet*, sein Anzug schmutzig und
sein linker Ärmel leer. „Wir legen einen Garten an", sagte Michi.
15 Der Betrunkene zog die Schultern hoch und wankte weiter.
„Ein Menschenfresser", meinte Michi. Ich sah dem Mann nach.
Er ging in den Nachbargarten.

Am Tag danach stand unser Zaun nicht mehr.
„Das war der Menschenfresser", sagte Michi und trat gegen den Zaun des
20 Nachbargartens. Wir stiegen drüber und spähten ins Gartenhäuschen.
Da lag er und schlief, neben ihm eine Flasche Schnaps. Auf dem Türschild
stand *Karl Kaluweit*. Michi zischte: „Dem zeigen wir's!", und schlich ums
Haus. Ich folgte ihm zögernd. Der Mann konnte jeden Moment aufwachen.
Was war Michis Plan? …

* zerklüftet: rissig, von Rissen durchzogen

25 Plötzlich spürte ich eine Hand im Nacken – der Menschenfresser!
„Loslassen!", schrie ich in höchster Angst, aber die Hand hielt mich fest.
Michi stürzte davon.

„Erst einbrechen und dann schreien!" Die Stimme des Menschenfressers
klang heiser, aber nicht unfreundlich. „Was wolltet ihr in meinem Garten?"
30 „Äpfel klauen", stammelte ich.
„Die sind ja noch grün!", sagte er. „Was ist mit eurem Garten?"
Meine Angst verflog. Ich erzählte, was mit dem Zaun passiert war.
„Ja, das war der Schulz, der sorgt immer für Ordnung", sagte er.
Als ich ging, gab mir Kaluweit eine Menge Pflaumen mit.

35 Michi sagte: „Mit so einem Säufer lass ich mich nicht ein." Aber ich ging
nun öfter zu Kaluweit und half ihm im Garten. Nach und nach erfuhr ich:
Er hatte seinen Arm in der Kriegsgefangenschaft verloren, ein Arbeitsunfall.
Sein Haus war im Krieg zerbombt worden, unter den Trümmern starben
seine Frau und seine Kinder. Nur der Garten war ihm geblieben –
40 und er fing an zu trinken.

Im Oktober passierte es. Ich hatte bei Freunden die Zeit vergessen.
Meine Mutter suchte mich zuerst bei Michi. Der erzählte von Kaluweit,
dem „Menschenfresser". Sie lief zur Polizei. Die Polizisten rasten
zu Kaluweit, der zu betrunken war, um auf ihre Fragen zu antworten.
45 Ein findiger Reporter machte eine Geschichte für die Zeitung daraus.
Bald war Karl Kaluweit für alle ein Krimineller. Als ich ihn
in seinem Garten besuchen wollte, war er verschwunden.

Jetzt stehen dort Hochhäuser. Und in den Hochhäusern leben
heute Ausländer – neue „Menschenfresser"?

nach Klaus Kordon

DACHBODENLUFT SCHMECKT ANDERS

1 Jo mochte seinen nagelneuen Vater nicht. Erstens bekam er durch ihn eine Schwester, was man wirklich nicht zum Leben braucht. Zweitens verstand der neue Vater keinen Spaß. Und drittens sperrte er Jo auf dem Dachboden ein, bloß weil er „Idiot" zu ihm gesagt hatte. Mama konnte Jo nicht retten,

5 die saß beim Friseur. „Ich hol dich wieder, wenn du dich abgekühlt hast!", sagte der neue Vater.
Zittrig vor Wut hockte Jo da, zwischen Plastiktüten voller Babysachen und Mamas alten Kleidern. Jede Familie hier im Haus hatte auf dem Boden einen Verschlag, abgetrennt durch Bretterwände und eine klapprige Tür.

10 Draußen wurde es schon dunkel und die Glühbirne verbreitete nur spärlich Licht. Dann verlosch sie. Das war zu viel. „Mist!", schrie er. „Blöder Mistkerl!"

„Klack" machte das Schloss und die Tür ging auf. Seine nagelneue Schwester leuchtete Jo mit ihrer Taschenlampe ins Gesicht. Ein halbes Jahr jünger als er war sie, aber ein klitzekleines Stück größer.

15 „Was willst du denn hier?", fragte Jo misstrauisch. „Schickt dein doofer Vater dich?" – „Besser als gar keiner", sagte Jule und hockte sich auf Jos altes Dreirad. „Er hat den Schlüssel neben's Telefon gelegt, da hab ich ihn mir ausgeliehen. Dachte, du könntest Gesellschaft brauchen." – „Was ist, wenn er merkt, dass der Schlüssel weg ist?" – „Das merkt er nicht.

20 Er verlegt dauernd was." – „Hat er dich auch mal eingesperrt?" „Ist schon vorgekommen. Weißt du, dass Dachbodenluft anders schmeckt als normale Luft? Hab ich gemerkt, als ich mal so richtig Angst bekam. Ich hab geschmeckt, wie feucht und kühl die Luft war, und da hab ich mir vorgestellt, dass Dachbodenluft stärker macht, dass man irgendwie

25 zu wachsen anfängt, wenn man sie einatmet. Versuch's mal."
„Blödsinn", brummte Jo, sog aber die muffige Luft durch die Nase und stellte sich vor, dass er davon mindestens einen halben Meter wuchs. War kein schlechtes Gefühl.

„Komm", sagte Jule, „wir gucken uns den nächsten Verschlag an, okay?"

30 Sie ließ das Türschloss zuklacken, griff sich einen Hocker, stellte ihn vor den nächsten Verschlag, kletterte an der Holzwand hoch und schwang sich obendrüber. Jo kletterte hinterher. – Eine Fundgrube!
Sie setzten alte Perücken auf und spielten mit einer Modelleisenbahn. Plötzlich hörten sie draußen Stimmen.

35 „Ist mir schnurzegal, wo du den Schlüssel hast!", schimpfte Jos Mutter. „Du holst sofort den Jungen da raus. – Jo, geht's dir gut?" „Alles okay!", muffelte Jo in seinen Ärmel, damit sie nicht merkten, dass er einen Verschlag weiter steckte. „Schnell", raunte Jule Jo zu. „Wir müssen zurück." Ihre Eltern stritten sich so lautstark, dass sie nicht merkten, wie die zwei

40 sich über die Bretterwand schwangen.
Jos Mutter knackte das Schloss mit einem Schraubenzieher und der nagelneue Vater musste sich bei Jo entschuldigen. Er stritt sich später noch oft mit Jo, aber auf den Dachboden sperrte er ihn nicht noch mal.

45 Doch sobald Jo oder Jule Ärger hatten, schlichen sie hinauf und atmeten eine gewaltige Portion Dachbodenluft ein. Danach fühlten sie sich stärker als aller Ärger der Welt.

Cornelia Funke

HERZLICH WILLKOMMEN IN DER DRACHENSTADT

FURTH IM WALD

Furth
im Wald

Bundesland	Bayern
Regierungsbezirk	Oberpfalz
Landkreis	Cham
Einwohner	etwa 8 900
Höhe	407 m ü. NHN*

Sehenswürdigkeiten

DRACHENHÖHLE

1 Tradinno ist der größte vierbeinige Schreitroboter der Welt: 4,5 m hoch und 15,5 m lang. Er ist der Hauptdarsteller des Further Drachenstichs (S. 141). Von April bis Oktober kann er in seiner „Höhle" besichtigt werden.
5 Aber Vorsicht: Wer ihn weckt, der wird verschlungen!

FURTHER FELSENGÄNGE

Wie zahlreiche andere Städte ist Furth im Wald auf einer felsigen Anhöhe errichtet, teilweise von unterirdischen Flucht- und Verbindungsgängen untertunnelt. Diese freigelegten Felsengänge sind in den Sommermonaten zu besichtigen.

FURTHER WILDGARTEN

10 Ein Ausflugsziel für die ganze Familie! Hier geht es auf abenteuerlichen Wegen über eine Hängebrücke und Holzstege durch die Wildnis. In der Unterwasserstation erhält man direkten Einblick in die Welt der Fische.

Ein Drachenfest für Jung und Alt

1 Furth im Wald ist vor allem wegen seines Drachenstichs bekannt.
Dieses Festspiel wird seit über 500 Jahren aufgeführt und jedes Jahr
im August von einem großen Fest begleitet. Musik, Feuershow und
ein historischer Festumzug erinnern an den bösen Drachen,
5 der am Ende von einem tapferen Ritter getötet wird.

Holde Maiden, edle Ritter und wackere Knappen*!

Ihr wolltet schon immer einmal ins edle Gewand schlüpfen, ein Schwert an die Seite hängen,
ein Kränzchen auf dem Kopfe tragen? Dann kommet am 20. und 21. August nach Furth im Wald,
dort werdet ihr ins Mittelalter zurückversetzt.

Folgendes Programm erwartet euch:

Samstag, 20. August

Um 13.30 Uhr beginnt das Spektakel mit
10 der Aufführung des Kinder-Drachenstichs
in der Drachensticharena am Stadtplatz.
Über 60 mittelalterlich gekleidete Further
Kinder im Alter von 4 – 12 Jahren spielen
eine Kinderversion des Drachenstichs.
15 Sie erzählen die Geschichte der Prinzessin,
die durch eine Intrige** dem Drachen Hugo zum
Fraß vorgeworfen werden soll. Ein Ritter rettet sie
vor dem sicheren Tod, indem er hoch zu Ross
das Ungeheuer durch einen Lanzenwurf erlegt.

20 Im Anschluss an die Aufführung gegen 14.00 Uhr könnt ihr rund um den Schlossplatz kostenlos an
einem Spielparcours teilnehmen. An verschiedenen Spielen wie Armbrustschießen oder Lanzenwerfen
könnt ihr eure Geschicklichkeit testen und die Drachentaler einlösen, die ihr euch erspielt habt.
Zudem wird mittelalterliche Musik dargeboten, ihr könnt euch zum Ritter schlagen lassen und
beim Basteln eure Kreativität beweisen.

Sonntag, 21. August

25 Um 13.30 Uhr setzt sich der historische
Festumzug der Kinder in Bewegung.
Etwa 750 historisch gekleidete Kinder –
Maiden, Prinzessinnen, Jäger, Gaukler,
Musikanten und Edelleute – ziehen zum Stadtplatz
30 in die Drachensticharena. Im Anschluss wird
der Kinder-Drachenstich aufgeführt. Nach der
Aufführung könnt ihr euch bei einer Brotzeit
stärken und euch von der Jugendgruppe des
Further Blasorchesters unterhalten lassen …

---

* Knappe: junger Mann, der im Dienst eines Ritters steht
** Intrige: ein geheimer Plan, den man durchführt, um anderen zu schaden

Orte – nah und fern – mit Texten umgehen

Wenn dich ein Löwe nach der Uhrzeit fragt, S. 130 – 133

 Bearbeite die Aufgaben zunächst allein oder mit einem Partner.
Vergleicht eure Ergebnisse anschließend in der Klasse.

1. Finde das afrikanische Land Tansania auf dem Globus oder im Atlas.

2. Teile den Text in Abschnitte ein und gib diesen Überschriften.
   Beachte hierzu auch Lesetipp 7.

3. Was erfährst du über Temeo und seine Eltern? Benenne die Zeilen.

4. Warum muss Temeo Freunde und Bekannte um Geld bitten?

Temeo erzählt, S. 131 – 133

1. Wie fühlt sich Temeo während des Besuchs bei Mister Christofer?
   Beschreibe Temeos Gefühle mit eigenen Worten.

 2. a) „Wenn dich ein Löwe nach der Uhrzeit fragt" ist
   eine afrikanische Redensart. Was bedeutet sie?

   b) Sammelt weitere Redensarten und schreibt
   sie mit Erklärung in eine Tabelle.

   c) Einer aus der Klasse liest eine Redensart vor,
   die anderen suchen die passende Erklärung.

 3. Spielt das Gespräch zwischen Temeo,
   Mister Christofer und seiner Frau nach.
   Erstellt dazu ein kleines „Drehbuch"
   und macht euch Notizen. Betrachtet auch
   die Bilder (Lesetipp 5) und überlegt,
   wo das Gespräch stattfindet.

Wer? Person	Was? Text	Wie? Regieanweisung
Mister Christofer	Na, was willst du von uns, mein Junge? Hab ich dich nicht schon …	sitzend
Temeo	Ich bin Thomas Kirschstein aus Kigoma. Ich würde gern etwas …	streckt Mister Christofer die rechte Hand hin …
Misses Christofer		

 4. Wie bist du vorgegangen, um die Geschichte umzuschreiben?
   Wer hat seine Rolle besonders gut aufgeführt?
   Was könnte man besser machen? Sprecht in der Klasse darüber.

Fremd, aber sicher, S. 134/135

1. a) Was fällt dir zum Thema „Kinder auf der Flucht" ein?
Es hilft dir, wenn du eine Mindmap gestaltest (siehe auch S. 190).

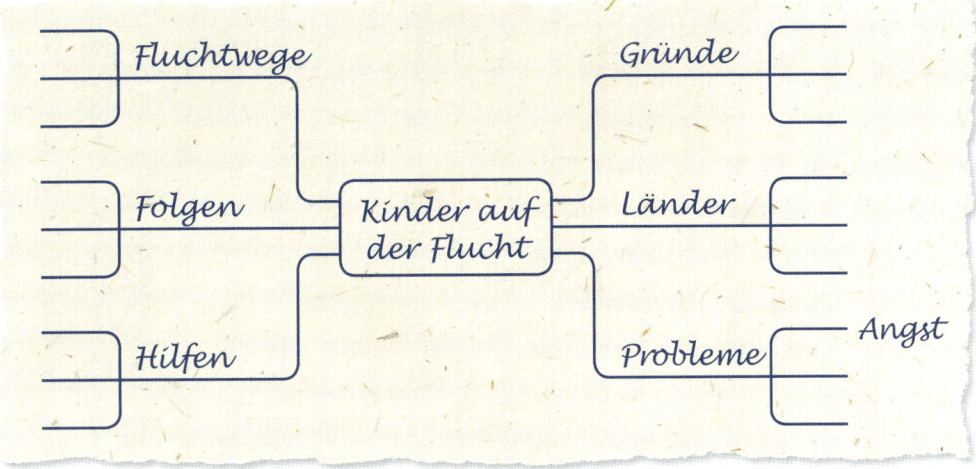

Fluchtwege

Gründe

Folgen

Kinder auf
der Flucht

Länder

Hilfen

Probleme

Angst

b) Aus welchen Gründen verlassen Menschen ihre Heimat?
Ergänze deine Mindmap mit Stichwörtern. Arbeite mit einem Partner.

c) Stellt eure Stichwortsammlung in der Klasse vor.

2. Eine Mindmap hilft dir bei der Besprechung. Was könntest du tun,
damit deine Stichwörter noch hilfreicher sind?

3. Schau dir die Karte auf S. 134/135 an und verfolge den Fluchtweg
der Familie. Durch welche Länder musste sie reisen?

4. a) Was bedeutet der Begriff „Asyl"? Informiere dich im Internet.

b) Sammle mit einem Partner Zeitungsberichte zu diesem Thema.

c) Stellt sie in der Klasse vor und sprecht darüber.

Der Menschenfresser, S. 136/137

1. a) Vor dem Lesen: Lies die Überschrift und schaue dir
die Bilder an. Vermute, worum es in dem Text geht.

b) Nach dem Lesen: War deine Vermutung am Anfang richtig?
Hat der Text deine Erwartungen erfüllt? Was hast du Neues erfahren?

2. Warum nennt Michi Karl Kaluweit einen „Menschenfresser"?
Was erfährst du über ihn? Sprecht in der Klasse darüber.

3. Lies noch einmal die kurzen Abschnitte
am Anfang und am Schluss.
Wovor will der Autor mit der Geschichte warnen?

Dachbodenluft schmeckt anders, S. 138/139

1. Übe, den Text laut mit einem Partner zu lesen.
   Hinweise zum Lautlese-Training findest du auf S. 186.

 2. Schreibt bis zu zehn Wörter aus dem Text heraus. Jeder liest
   seine Wörter nacheinander vor und der Partner muss diese im Text
   so schnell wie möglich finden, z. B. Dachbodenluft (Zeile 21).

 3. a) Schreibe kurze Sätze zu den Fragen.
   • Wie ist es dazu gekommen, dass Jo im Verschlag auf dem
     Dachboden sitzt, der zur Wohnung seiner Familie gehört?
   • Wie lernt Jo seine neue Schwester besser kennen?
   • Wodurch hilft Jule ihm, seine Wut zu vergessen?

   b) Tausche dich mit einem Partner aus.

   c) Besprecht die Fragen dann in der Klasse.

4. Was denkt Jo, als er von seinem neuen Vater auf dem Dachboden
   eingesperrt wird? Welche Gefühle hat er? Versetze dich in Jos Lage
   und schreibe aus seiner Sicht einen Tagebucheintrag.

5. Auf dem Dachboden kann es ganz schön unheimlich sein.
   Kennst du Bücher, die nach Abenteuer und Gespenstern,
   nach Spannung und Geheimnis „riechen"? Tauscht euch aus.

 6. Informiert euch auch in der Bibliothek oder in einem Buchladen über
   Buchempfehlungen. Stellt gemeinsam eine Bücher-Hitliste zusammen.

Zungenbrecher

Sprecht die Zungenbrecher zweimal ohne Pause und ohne Fehler.
Wer ist am schnellsten?

Frangn is das Land, wou de Hasen Hoosn haaßn und de Hoosen Huusn haaßn.

Franken ist das Land, wo die Hasen Hosn heißen und die Hosen Husn heißen.

*Oa Zwetschgn im Batz dadatscht und oa im Batz dadatschte Zwetschgn
gaabatn zwoa batzige dadatschte Zwetschgn und an batzign Zwetschgndatschi!*

Eine Zwetschge im Matsch zerdrückt und eine im Matsch zerdrückte Zwetschge ergäben
zwei matschige zerdrückte Zwetschgen und einen matschigen Zwetschgen-Blechkuchen.

*Junge jodelnde Jodler-Jungen jodeln jaulende Jodel-Jauchzer,
jaulende Jodel-Jauchzer jodeln junge jodelnde Jodler-Jungen.*

Herzlich willkommen in der Drachenstadt Furth im Wald, S. 140

 1. Welche Sehenswürdigkeiten gibt es in Furth im Wald?
Welche davon interessiert dich am meisten?
Sprecht in der Klasse darüber.

2. Was hat Furth im Wald noch zu bieten? Informiere dich
im Internet oder in einem Reiseführer.

 3. Welche Ausflugsziele empfiehlst du für deinen Wohnort?
Erstellt gemeinsam einen Reisekatalog. Jeder bringt eine Seite
mit seinen Empfehlungen mit und stellt sie in der Klasse vor.
Denkt auch an Bilder, Fotos, Öffnungszeiten, Eintrittspreise …

Ein Drachenfest für Jung und Alt, S. 141

1. Wodurch wurde Furth im Wald bekannt? Fasse den Text zusammen.

 2. a) An wen richtet sich die Einladung zum Drachenfest?
Was kann man dort alles erleben? Lies noch einmal genau nach.

b) Was genau hat es mit dem Drachen auf sich? Informiert euch in
Sachbüchern oder im Internet über die Sage um den Drachenstich.
Schreibt gemeinsam Stichwörter auf.

c) Stellt das Ergebnis eurer Recherche in der Klasse vor.

3. Wie stellst du dir den Drachen vor? Zeichne eine Szene aus der Sage.

 4. Das Drachenstich-Festspiel wurde bereits im Mittelalter aufgeführt.
Damals war das Gericht „Arme Ritter" für viele Adlige ein Notessen.
Woran erkennst du, dass der Text „Arme Ritter" ein Rezept ist?
Habt ihr Lust, es auszuprobieren? Lasst euch dabei helfen.

Arme Ritter

Zutaten (für 4 Portionen):
3 Eier, 150 ml Milch, 1 Prise Salz, 4 Scheiben Toast
oder Brot, Öl zum Anbraten

1. Gib die Milch, die Eier und das Salz in eine Schüssel.
2. Verquirle alles mit einer Gabel oder einem Rührbesen.
3. Lege die Toast- oder Brotscheiben in die Ei-Milch-
Salz-Mischung ein.
4. Erhitze 1 – 2 Löffel Öl in einer Pfanne.
5. Brate nun die eingeweichten Toast- oder Brotscheiben
in der Pfanne von beiden Seiten goldbraun.

Dazu passt Ahornsirup oder Honig. Auch mit Frischkäse
oder Knoblauchcreme schmecken die „Armen Ritter" gut.

WIE DIE SCHRIFT ERFUNDEN WURDE

1 Wer den Buchstaben A auf den Kopf stellt
und mit ein bisschen Fantasie ausmalt,
erkennt den Kopf einer Kuh.
Wer den Buchstaben P umklappt und
5 ein Auge und einen Mund hineinmalt,
sieht den Kopf eines Menschen.

Unsere Buchstaben verwandeln sich durch Drehen und Wenden
ganz schnell in kleine Bilder. So etwa ging es zu, als die Menschen
das Schreiben erfanden – nur umgekehrt.

10 Der Ursprung aller Buchstaben waren Bilder:
Der Kaufvertrag über vier Ochsen wurde in frühen Zeiten so geschlossen:
Man ritzte vier Kuhköpfe auf ein Tontäfelchen und brach es in der Mitte.
Käufer und Verkäufer bekamen je eine Hälfte. Die passende Bruchstelle
und das Bild waren der Nachweis für diesen Handel.

15 Im Haushalt fanden es die Menschen lästig, jedes Mal
zuerst in ein Tongefäß hineinschauen zu müssen,
um Korn, Honig oder Wein zu holen. Sie ritzten zur
Kennzeichnung auf das eine Gefäß eine Ähre,
auf das nächste eine Biene, auf das dritte eine Traube.

20 Solche Bildzeichen gibt es auch bei uns.
Sie weisen uns im Straßenverkehr auf Fahrrad- oder Fußgängerwege hin;
es gibt sie im Bahnhof, im Hotel, in der Schule. Sie haben im Vergleich zu
Wörtern einen großen Vorteil: Sie sind international, jeder kann sie verstehen.

Anders verhält es sich, wenn eine Schrift nur aus Bildzeichen besteht.
25 Ein Chinese zum Beispiel muss rund 5 000 Schriftzeichen kennen,
um die Zeitung zu lesen. Das ist ziemlich schwer.
Einfacher wird es, wenn man bestimmte Zeichen für Silben festlegt.
Bei den Wörtern Kin**der**, Rin**der**, Wäl**der** und Rä**der** könnte man für
die zweiten Silben ein einheitliches Zeichen benutzen, bei **le**gen, **le**ben,
30 **le**sen oder **Le**der für die ersten. Es wären dann 80 bis 100 Silbenzeichen
nötig, um die zweisilbigen deutschen Wörter zu schreiben.

Verkürzte Schreibweisen benutzen viele Verfasser von Kurznachrichten
zum Spaß oder aus Bequemlichkeit: Statt „Gute Nacht" heißt es „GuTN8".

In Rätseln bereitet uns das Spiel mit Bildern und Buchstaben Vergnügen.
35 In einem Rebus-Rätsel stehen Bilder für Wörter. Die Buchstaben werden
nach Spielanleitung verändert oder ausgeschieden. Die verbleibenden
Buchstaben ergeben als überraschende Lösung ein neues Wort.

In solchen Rätseln spielen wir mit Buchstaben. Die Buchstaben
sind Zeichen für die einzelnen Laute der Sprache und können
40 zu beliebig vielen Wörtern zusammengesetzt werden.
Das Erstaunliche dabei ist: Wir benötigen nur 26 Lautzeichen,
um alle Wörter zu schreiben. Das Alphabet ist eine geniale
Erfindung – einfach zu schreiben und leicht zu lernen.

Wer hat es erfunden?

45 *Das weiß keiner so genau. Aber man hat erforscht,*
woher unser Alphabet kommt:
In Phönizien, einem Gebiet am östlichen Mittelmeer, schrieb man schon
vor 3 000 Jahren mit einem Alphabet aus 22 Buchstaben von rechts
nach links. Benachbarte Völker lernten es kennen, so auch die Griechen.
50 Sie erweiterten das Alphabet mit Zeichen für die fünf Vokale und
änderten die Schreibrichtung: von links nach rechts.
Dieses Alphabet wurde dann von den Römern übernommen und kam
schließlich als das „lateinische Alphabet" nach Germanien – zu uns.

Vom Buchdruck ...

Der Buchdruck veränderte die Welt

1 Vor rund 550 Jahren wurde jedes Buch
von Hand abgeschrieben und mit Bildern
ausgemalt. Mönche in Klöstern waren
Spezialisten dafür. Wer ein Buch bestellte,
5 musste oft Monate oder Jahre warten.
„Nicht so schlimm", könnte einer sagen,
„die meisten Menschen konnten ja doch
nicht lesen." Das können wir uns heute
kaum noch vorstellen.

10 **Johannes Gutenberg** (um 1400 – 1468)
aus Mainz erfand im Jahr 1450 den Buchdruck
mit beweglichen Lettern* und veränderte
damit ganz grundlegend die Welt.
Bis dahin wurde ein Text, ähnlich wie beim
15 Kartoffeldruck, seitenverkehrt in eine Holztafel
geschnitzt. Es war schwierig und zeitraubend,
lange Texte in Holztafeln zu schnitzen, um sie
dann drucken zu können. Johannes Gutenberg
kam auf die Idee, die einzelnen Buchstaben
20 als Stempel in Spiegelschrift anzufertigen.

In einem flachen Holzkasten
war es möglich, die Buchstaben-
stempel zu Wörtern und Sätzen
zusammenzusetzen.
25 Die Stempel wurden vom Setzer
eingefärbt und in einer Drucker-
presse auf Papierblätter abgedruckt.
Auf diese Weise wurden
die Buchseiten so oft
30 vervielfältigt, wie man wollte.

Johannes Gutenberg
- Erfinder des Buchdrucks
- sein Meisterwerk:
  die erste gedruckte Bibel
  mit 1 282 Seiten

* Lettern: Buchstaben einer Satzschrift aus Blei

... zu den modernen Medien

Der Buchdruck mit beweglichen Lettern verbreitete sich rasch.
Bald wurden in vielen Städten Bücher gedruckt.
Wer lesen konnte, hatte nun Zugang zum Wissen der Welt.
1605 erschien in Straßburg die erste gedruckte Zeitung.

Medien informieren und unterhalten

35 Ganz gleich, ob wir Zeitung lesen, fernsehen, Radio hören
oder im Internet surfen – heute begegnen uns Medien
überall und wir nutzen sie ganz selbstverständlich im Alltag.
Das Wort Medien stammt vom lateinischen Wort „medium"
und bedeutet „Vermittler". Durch Medien werden
40 Nachrichten und Informationen weitergegeben.
So können sich viele Menschen informieren.
Deshalb werden Zeitungen, Zeitschriften,
Bücher, Rundfunksender und Internet oft
auch als Massenmedien bezeichnet.

Medien für Kinder

45 Auch für Kinder gibt es ein breites Angebot an Medien:
Ob Kinderzeitschriften, Sendungen im Radio und Fernsehen,
spezielle Seiten und Kindersuchmaschinen im Internet –
bestimmt nutzt auch du Medien, um dich zu informieren
und um unterhalten zu werden.
50 Welche Medienangebote sinnvoll sind
und wann du dich damit beschäftigst,
sollte deshalb immer gut überlegt sein.

Ein Tag bei

So entsteht eine Zeitung: Was passiert, damit ihr jeden

1

Der Arbeitstag in der Redaktion beginnt oft schon auf dem Weg zur Arbeit. Neuigkeiten erreichen die Journalistinnen und Journalisten auf dem Smartphone. Einige fahren zu Außenterminen, einige kommen ins Pressehaus. Was ist alles in der Nacht passiert? Während in Deutschland die meisten Menschen schlafen, ist auf der anderen Seite der Erde Tag. Dann geschehen zum Beispiel in Amerika viele wichtige Dinge. Da nicht nur die gedruckte Zeitung im Pressehaus entsteht, sondern auch die Onlineredaktion im Internet aktiv ist, kann rund um die Uhr gearbeitet werden.

Eins bleibt aber immer gleich: Wer bei der Presse arbeitet, ist auf der Suche nach interessanten und wichtigen Themen für die Zeitung.

2

Jetzt kommen die Leitenden aller Ressorts* im großen Konferenzraum zusammen und berichten, was ihr Redaktionsteam für den nächsten Tag schreiben möchte. Die Chefredakteurin / der Chefredakteur hört sich alles an und sagt, was gut umgesetzt ist und was nicht. Währenddessen sind manche aus der Redaktion schon draußen unterwegs oder telefonieren, um Informationen für ihre Artikel** zu sammeln.

3

Die meisten Themen stehen fest. Jetzt sind die Blattmacher gefragt. Sie sitzen in jedem Ressort und entscheiden, wo welcher Artikel stehen soll. Der wichtigste Text steht oben auf der Seite und heißt Aufmacher. Natürlich denkt jeder, der einen Text geschrieben hat, dass seine Geschichte die wichtigste ist. Deshalb müssen Blattmacher ganz viel mit den Kollegen reden.

4

Wenn sich alle geeinigt haben, können die Redakteurinnen und Redakteure mit dem Schreiben anfangen. Sie benutzen ein bestimmtes Computerprogramm, das ihnen genau anzeigt, wie die Zeitungsseite später aussehen wird.

* Ressort: Abteilung, Fachbereich
** Artikel: Bericht, Beitrag

NACHRICHTEN

den Turbo-Tippern

Morgen neue Nachrichten in eurem Briefkasten findet

5

Bitte nicht stören! Jetzt tippen fast alle Redakteurinnen und Redakteure ganz fleißig. Schließlich soll die Zeitung rechtzeitig fertig werden. Manche aber sitzen nervös an ihren Schreibtischen und können mit ihren Artikeln nicht beginnen. Sie warten noch auf einige wichtige Informationen. Vielleicht wollte einer von ihnen am Morgen einen Politiker etwas am Telefon fragen. Der war aber nicht im Büro. Na ja, dann heißt es eben auf den Rückruf warten …

Rund 50 000 Zeitungen kann eine Maschine in nur einer Stunde drucken. Stellt euch mal vor: Das sind so viele Zeitungen wie Menschen in ein großes Sportstadion passen!

7

Die ersten 4 000 bis 5 000 Zeitungen werden in Lieferwagen verladen. Sie haben zum Teil eine kleine Reise vor sich, denn es gibt auch Leute in anderen Regionen, die am nächsten Morgen die neuesten Nachrichten in der Zeitung lesen möchten.

9

Die letzte Zeitung ist gedruckt. In Paketen von bis zu 30 Stück laufen die Exemplare auf einem Fließband direkt in die Lieferwagen. Die Fahrer bringen die Zeitungen zu den Boten. Diese verteilen die Nachrichten in der Stadt. Die ersten Boten müssen ganz früh aufstehen: Ihre Arbeit beginnt gegen 03:15 Uhr.

6

Spätestens jetzt müssen alle Artikel für die erste Druckrunde fertig sein. Die Seiten werden per Computer in die Druckerei gesendet. Dort hängen die Drucker riesige Papierrollen in eine der Maschinen.

8

Bis jetzt können die Redakteurinnen und Redakteure noch etwas an ihren Geschichten ändern. Manchmal schreiben sie die Artikel auch neu – zum Beispiel, wenn abends noch ein wichtiges Fußballspiel ausgetragen wird.

10

Die druckfrische Zeitung liegt in eurem Briefkasten. Viel Spaß beim Lesen!

SO FUNKTIONIERT WERBUNG

Ob im Fernsehen, auf Plakaten, im Radio oder im Internet – Werbung begegnet uns täglich und weckt unsere Wünsche und Sehnsüchte. Wie das geht? Ganz einfach:

Werbesprache

Werbemacher bedienen sich einer eigenen Sprache. So werden in Werbesprüchen verschiedene Techniken eingesetzt:
- Mehrere Wörter beginnen mit demselben Anfangsbuchstaben.
- Wörter reimen sich.
- Es werden neue Wörter gebildet.
- Wörter wiederholen sich.

Werbesprüche

Werbesprüche müssen kurz und einprägsam sein. Ein guter Slogan* erregt unsere Aufmerksamkeit und bleibt, wenn er gesungen wird, oft als „Ohrwurm" in Erinnerung.

Identifikation

Häufig werben bekannte Sportler oder berühmte Schauspieler für das Produkt. Sie wirken glaubwürdig und ihre Botschaft überzeugt. Viele möchten so sein wie ihr Star und kaufen dann das Produkt.

* Slogan: englisches Wort für einen einprägsamen Werbespruch

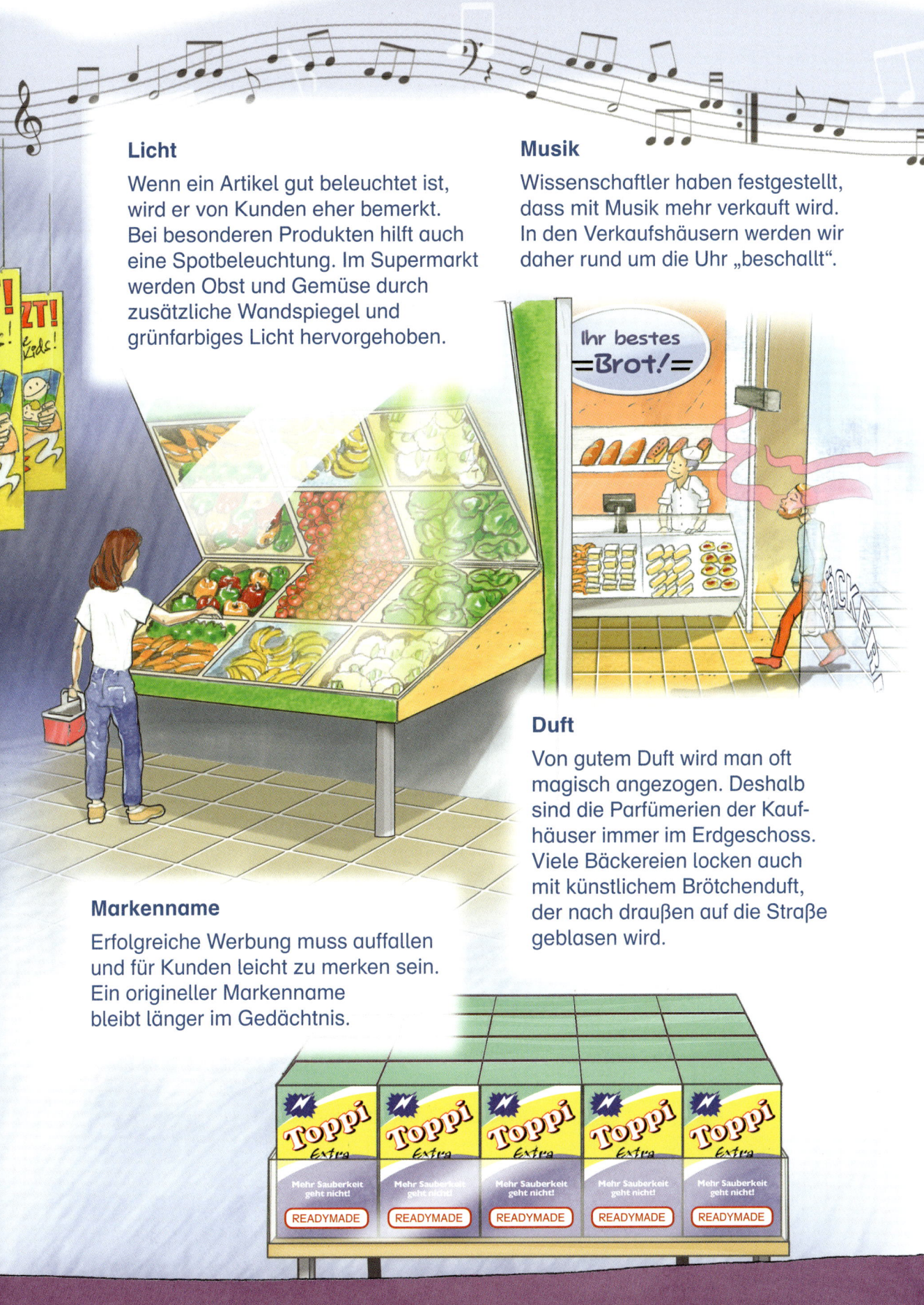

Licht

Wenn ein Artikel gut beleuchtet ist, wird er von Kunden eher bemerkt. Bei besonderen Produkten hilft auch eine Spotbeleuchtung. Im Supermarkt werden Obst und Gemüse durch zusätzliche Wandspiegel und grünfarbiges Licht hervorgehoben.

Musik

Wissenschaftler haben festgestellt, dass mit Musik mehr verkauft wird. In den Verkaufshäusern werden wir daher rund um die Uhr „beschallt".

Ihr bestes
=Brot!=

Duft

Von gutem Duft wird man oft magisch angezogen. Deshalb sind die Parfümerien der Kaufhäuser immer im Erdgeschoss. Viele Bäckereien locken auch mit künstlichem Brötchenduft, der nach draußen auf die Straße geblasen wird.

Markenname

Erfolgreiche Werbung muss auffallen und für Kunden leicht zu merken sein. Ein origineller Markenname bleibt länger im Gedächtnis.

Toppi
Extra
Mehr Sauberkeit geht nicht!
READYMADE

Rund um Bücher und Medien

Der 23. April – Welttag des Buches!

1 An diesem Tag feiern
viele Schulen, Verlage,
Buchhandlungen,
Bibliotheken und
5 alle, die gern lesen,
ein großes Fest rund
um Bücher und Medien.

Habt ihr Lust, mitzumachen?

Projekt: Lesefest der Klasse 4c

1 Wir, die Klasse 4c, haben in unserer Schule
ein Lesefest veranstaltet. Dazu haben wir
alle dritten und vierten Klassen eingeladen.

Bei unserem Lesefest war einiges geboten:
5 Es gab ein Literatur-Quiz mit Fragen
zu bekannten Kinderbuchfiguren.
Ein weiterer Höhepunkt: Unser selbst
geschriebenes Theaterstück zu dem Buch
„Hexe Lilli stellt die Schule auf den Kopf".

10 Das Literatur-Treffen mit Gästen wie Jim
Knopf, das Sams, Frau Holle und Hexe Lilli
verlief reibungslos. Jeder Gast stellte sich
mit seinem Buch vor und drehte eine Runde
oder tanzte zu einer passenden Musik.
15 Für die Kostüme gab es viel Beifall.

Nach der Pause fand ein Büchertauschmarkt statt, bei dem viele unserer Bücher
gegen Bücher aus den anderen Klassen
eingetauscht werden konnten.
20 Lustig ging es auch bei den Spielen rund
um Bücher und Lesen zu. Toll, dass sich bei
unserem Lesefest so viele beteiligt haben!

Hanna, Malte und Lukas,
Schülerreporter der Klasse 4c

Die Schülerinnen und Schüler der Klasse 4c stellen ihre Lieblingsbücher vor:

Lesehitliste Klasse 4c

Tiergeschichten	卌 II
Märchen	卌 I
Fantasiegeschichten	卌
Krimis	IIII
Sachbücher	卌
Kinderzeitschriften	II
Comics	II

Meine Buchvorstellung

1 • **Name des Buchs:** Robbi, Tobbi und das Fliewatüüt

• **Autor:** Boy Lornsen

• **Handlung:** Eines Tages landet vor den Füßen von Tobbi Findeisen der kleine Roboter Robbi.
5 Er braucht dringend Hilfe bei seiner Roboter-Prüfungsaufgabe. Zusammen erfinden Tobbi und Robbi das Fliewatüüt – ein Fahrzeug, das fliegen, schwimmen und fahren kann. Mit ihm gehen die beiden auf eine abenteuerliche Reise,
10 die sie bis an den Nordpol führt.

Mir gefällt das Buch, ...

weil ich gern spannende Bücher lese und mich für Erfindungen interessiere. Ich finde es prima, dass es zu meinem
15 Lieblingsbuch jetzt auch einen Film und ein Hörbuch gibt.

Lukas

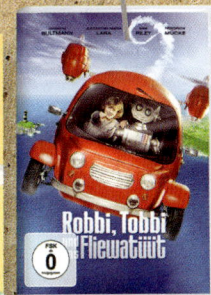

Meine Lieblingsstelle aus dem Sachbuch „Pferde" aus der Reihe „Wieso? Weshalb? Warum? ProfiWissen":

1 Pferde sind groß, stark, schnell wie der Wind und unglaublich schön. Wir bewundern ihr glänzendes Fell, ihre wilde Mähne und ihren prächtigen Schweif. Sie mögen es, wenn sie ausgiebig
5 gestriegelt werden.

Wenn wir sie gut behandeln, werden sie zu treuen Gefährten. Kein Wunder also, dass sie so viele Fans haben.

Tanja

Das Buch

1 Ums Buch ist mir nicht bange.
Das Buch hält sich noch lange.

Man kann es bei sich tragen
und überall aufschlagen.

5 Sofort und ohne Warten
kann dann das Lesen starten.

Im Sitzen, Liegen, Knien
ganz ohne Batterien.

Beim Fliegen, Fahren, Gehen,
10 ein Buch bleibt niemals stehen.

Beim Essen, Kochen, Würzen,
ein Buch kann nicht abstürzen.

Die meisten andren Medien
tun sich von selbst erledigen.

15 Kaum sind sie eingeschaltet,
heißt's schon: Die sind veraltet!

Und nicht mehr kompatibel* –
marsch in den Abfallkübel

Zu Bändern, Filmen, Platten,
20 die wir einst gerne hatten,

Und die nur noch ein Dreck sind.
Weil die Geräte weg sind

Und niemals wiederkehren,
gibt's nichts zu sehn, zu hören.

25 Es sei denn, man ist klüger
und hält sich gleich an Bücher,

Die noch in hundert Jahren
das sind, was sie stets waren:

Schön lesbar und beguckbar,
30 so stehn sie unverruckbar

In Schränken und Regalen,
und die Benutzer strahlen:

Hab'n die sich gut gehalten!
Das Buch wird nicht veralten.

Robert Gernhardt

* kompatibel: zusammenpassend, kombinierbar

In der Bibliothek

Simon aus der Klasse 4c schreibt
seinem Freund eine E-Mail.

Senden

An... Lukas@…
Cc...
Betreff: Ausflug in die Bibliothek

1 Lieber Lukas,

ich hoffe, dir geht es besser. Schade, dass du bei unserem
Besuch in der Stadtbibliothek nicht dabei sein konntest.
Dort ist jeder von uns fündig geworden: Bilderbücher,
5 Märchen, Comics, Romane, Sachbücher … Mit einem
Bibliotheksausweis kannst du auch Zeitschriften, CDs,
Spiele, Filme und DVDs ausleihen – eine tolle Sache!

Stell dir vor, wir haben gestern eine richtige Rallye durch
die Bibliothek gemacht und dabei viel gelernt!
10 Es gibt eine extra Abteilung für Kinderbücher. Sie ist nach
Altersgruppen der Leser sortiert. Damit man die Medien
im Regal schneller findet, haben sie eine Signatur* auf
dem Buchrücken. Die Zahl kennzeichnet das Sachgebiet
(zum Beispiel „Tiere" oder „Märchen"), die Buchstaben
15 stehen für den Nachnamen des Autors.
Wenn du wieder gesund bist, müssen wir unbedingt mal
zusammen in die Bibliothek. Dann zeige ich dir, wie du
mit dem Computer nach einem bestimmten Buch suchen
kannst und wie der elektronische Katalog funktioniert.
20 Ich habe gestern den Bibliotheksführerschein bestanden!
Falls ich dir also etwas aus der Bibliothek ausleihen soll,
gib einfach Bescheid. Und werde bald wieder gesund!

Liebe Grüße, auch von den anderen in der Klasse,
dein Simon

| 4.1 Tiel | 5.1 Nöst | 5.1 Lind |

* Signatur: Kombination aus Zahlen und Buchstaben,
unter der ein Buch in einer Bibliothek geführt wird

Frau Quan schreibt Briefe

1 Frau Quan ist fit in EDV.
Sie kennt das Internet genau,
kann surfen, chatten, Mailbox leeren,
per Fax mit aller Welt verkehren.
5 Geschäftlich nutzt sie den PC,
denn das ist schließlich ihr Metier*.

Doch wenn es um Privates geht,
dann hält sie nichts von dem Gerät.
Dann schreibt sie Briefe mit der Hand.
10 Die werden mit der Post versandt
und treffen sehr viel später ein,
doch, sagt sie, so viel Zeit muss sein.

Ihre beste Freundin Kitty
lebt weit weg in Kansas City
15 und Frau Quan schreibt häufig ihr
mit lila Tinte auf Papier,
das sie mit Comicstrips verziert,
mit bunten Stickern dekoriert.

In Kittys Briefen klebt am Rand,
20 was Kitty am Missouri fand:
gepresste Blumen oder Pflanzen,
über denen Mücken tanzen,
die Kitty hingezeichnet hat
als Gruß aus ihrer Kansasstadt.

25 Frau Quan hat solche Briefe gern.
„Hier kommt ins Haus, was sonst so fern.
Ich kann es riechen und berühren,
kann die Missouripflanzen spüren,
und Freundin Kitty ist mir nah,
30 als wäre sie tatsächlich da."

Natürlich braucht der Briefverkehr
mehr Zeit und fällt drum manchem schwer.
„Ich spare Zeit", sagt sich Frau Quan,
„damit ich sie genießen kann.
35 Und Briefe schreiben, Briefe kriegen
ist eines meiner Topvergnügen."

Irmela Brender

* Metier: Beruf, Tätigkeit

Geld verdienen mit dem Handy

1 Wie viele Handys hast du: keins, eins oder mehrere? Viele Kinder und Jugendliche können sich kaum noch vorstellen, dass es eine Welt ohne Handys gegeben hat. Und dass es heute noch
5 Gegenden gibt, in denen Handys kaum verbreitet sind. Wer in diesen unterversorgten Regionen eines besitzt, nutzt es nicht nur für sich selbst.

In Bangladesch vergeben Banken Kleinkredite, vor allem an ärmere Landfrauen, mit denen sie
10 sich ein Handy anschaffen können. Aber nicht, damit sie dauernd mit ihren Freundinnen im Nachbardorf quatschen können, sondern um ein Geschäft damit aufzuziehen. In Bangladesch existiert nämlich quasi kein ausgebautes Festnetz, und mit ihren Handys können die Frauen als „Telefonzentrale" des Dorfes
15 ihren Lebensunterhalt verdienen.

Für jedes Gespräch, das ein Dorfbewohner führen will, muss er eine kleine Gebühr an die Frauen entrichten, und da das nächste öffentliche Telefon meist kilometerweit entfernt ist, nehmen viele diesen Service gern in Anspruch.

20 In Bolivien heißt der Beruf des Handyvermieters Chalequero. Selbst in den Anden, auf knapp 3 500 Metern Höhe, kann man für umgerechnet ein paar Cent eine Minute lang mit einem geliehenen Mobiltelefon ein
25 Ortsgespräch führen. Damit sich keiner mit dem Handy aus dem Staub macht, legen die Handyvermieter ihre Telefone sicherheitshalber an die Kette.

Leo G. Linder / Doris Mendlewitsch

Medien – mit Texten umgehen

Wie die Schrift erfunden wurde, S. 146/147

1. a) Bildet 4er-Gruppen. Teilt euch die Abschnitte untereinander auf und schreibt Stichwörter zu folgenden Inhalten:
   - Bilder als Ursprung aller Buchstaben (Zeile 10 – 19)
   - Vor- und Nachteile von Bildzeichen (Zeile 20 – 31)
   - Rebus-Rätsel (Zeile 34 – 43)
   - Entstehung von Schrift (Zeile 44 – 53)

   b) Tauscht euch in der Gruppe zu den Stichwörtern aus.

   c) Fasst den Text mithilfe eurer Stichwörter in der Klasse zusammen.

2. Sammle Beispiele für Bildzeichen, die es auch bei uns gibt. Male ein Bild oder mache Fotos und stelle sie in der Klasse vor.

3. Erfindet selbst Bilderrätsel. Spielt in der Klasse ein Quizspiel.

Vom Buchdruck zu den modernen Medien, S. 148/149

1. a) Was erfährst du über Johannes Gutenberg? Lies den Text und stelle die wichtigsten Informationen auf einem Plakat zusammen.

   b) Warum war der Buchdruck mit beweglichen Lettern eine bahnbrechende Erfindung? Tausche dich mit einem Partner aus.

   c) Kennt ihr weitere Erfindungen, die zu einer Arbeitserleichterung führten und die Welt veränderten? Sammelt in der Klasse Beispiele.

2. Gutenbergs Erfindung verbreitete sich rasch. Wie reagierten wohl die Leute in der damaligen Zeit auf den Buchdruck? Stellt den Meinungsaustausch von damals nach und führt ein „Marktgespräch".

3. Heute nutzen wir Medien ganz selbstverständlich im Alltag. Welche Kindermedien und welche Kindersendungen im Radio/Fernsehen kennst du? Welches Ziel haben sie? Trage in einer Tabelle ein.

	Unterhaltung	Wissen	Nachrichten
Hörbuch „Tierbabys"	X	X	
Kinderzeitschriften …			
Kindernachrichten …			

4. Schreibe Stichwörter zu deiner Lieblingssendung im Radio/Fernsehen (z. B. Wissenssendung, Kindernachrichten) und berichte darüber.

Ein Tag bei den Turbo-Tippern, S. 150/151

1. Ein Radioreporter interviewt einen Redakteur über seinen Tagesablauf bei der Zeitung. Sammle mögliche Fragen für das Interview, z. B. *Wann beginnt Ihr Arbeitstag? Wer legt die Zeitungsthemen fest?*

 2. Spielt das Interview nach. Nehmt eure Fragen als Leitfaden.

3. Habt ihr Lust, eine Klassenzeitung zu schreiben? Tipp: Bildet Gruppen für verschiedene Ressorts und verteilt die Aufgaben: Wer leitet die Redaktion? Wer kümmert sich um die Gestaltung und den Druck?

So funktioniert Werbung, S. 152/153

 1. a) Schau dir das Bild auf der Doppelseite genau an. Worum geht es? Was weißt du über das Thema? Gestalte eine Mindmap (siehe S. 143).

   b) Womit kann Werbung unsere Wünsche und Sehnsüchte wecken? Lest gemeinsam den Text und erklärt euch gegenseitig die Werbetricks. Schreibt passende Beispiele dazu auf.

   c) Tragt in der Klasse eure Lieblingswerbesprüche aus dem Fernsehen zusammen und überlegt, welche Tricks dabei verwendet wurden.

 2. Bildet Kleingruppen. Denkt euch für ein Produkt eurer Wahl einen passenden Werbespruch aus und gestaltet ein Werbeplakat. Beachtet die Techniken, die in der Werbesprache eingesetzt werden.

3. Stellt eure Plakate in der Klasse vor und bewertet sie. Was ist gut? Was könnte man noch besser machen? Wählt die drei besten aus.

Rund um Bücher und Medien, S. 154/155

 1. Welche Aktivitäten rund um Lesen und Bücher kennt ihr? Bildet Gruppen und gestaltet eine Mindmap (siehe S. 143). Vielleicht habt ihr ja Lust, ein eigenes Lesefest durchzuführen.

2. Beim Lesefest der Klasse 4 c wurden Kinderbuch-Figuren vorgestellt. Welche Figuren aus der Kinderliteratur kennst du? Beschreibe ihr Aussehen und überlege, welche Musik zu ihnen passen könnte.

3. Wie heißt dein Lieblingsbuch und was gefällt dir daran besonders? Verfasse eine eigene Buchvorstellung und präsentiere sie in der Klasse. Die Seite „Ein Buch vorstellen", S. 182, mit der Checkliste hilft dir.

 4. Gebt euch gegenseitig Rückmeldung zu eurer Buchvorstellung.

5. Erstellt eine eigene Lesehitliste und vergleicht sie mit der auf S. 155. Welche Arten von Büchern sind bei euch in der Klasse besonders beliebt?

Das Buch, S. 156

1. Lies einem Partner das Gedicht vor. Achte auf die Reimwörter. Nach jedem Zeilenpaar wechselt ihr euch ab.

2. Welche Vorteile haben Bücher nach Meinung des Autors gegenüber modernen Medien? Bist du derselben Meinung? Diskutiert gemeinsam in der Klasse darüber.

3. Stelle dein Lieblingsbuch vor. Tipps dafür findest du auf S. 182.

4. In einer Untersuchung im Jahr 2014 wurden Schüler im Alter zwischen 8 und 9 Jahren befragt, welche *modernen* Medien sie häufig nutzen.

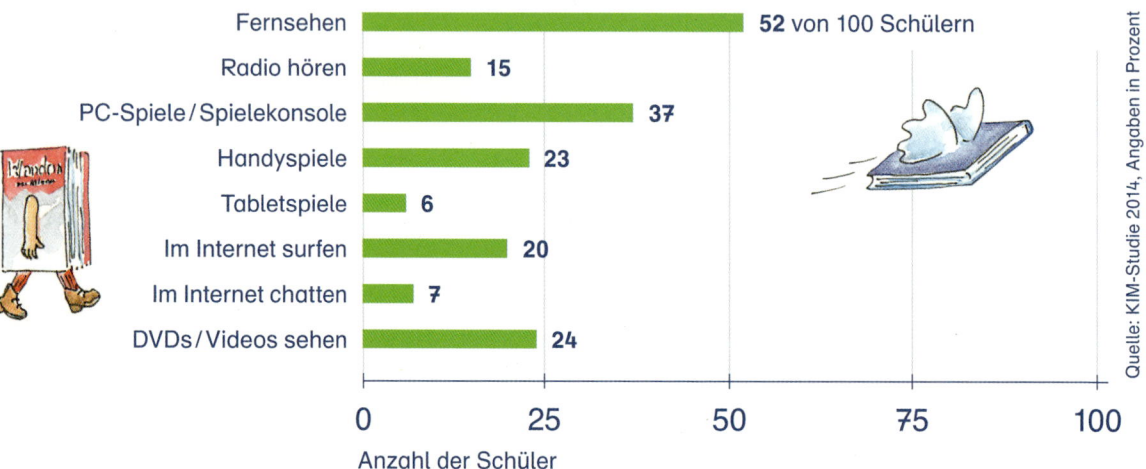

Fernsehen	52 von 100 Schülern
Radio hören	15
PC-Spiele / Spielekonsole	37
Handyspiele	23
Tabletspiele	6
Im Internet surfen	20
Im Internet chatten	7
DVDs / Videos sehen	24

Anzahl der Schüler

Quelle: KIM-Studie 2014, Angaben in Prozent

5. Welche Medien nutzt ihr? Macht eine Umfrage und erstellt eine Tabelle.

In der Bibliothek, S. 157

1. In einer Bibliothek gibt es mehr als nur Bücher. Welche Medien kannst du dort noch ausleihen? Warum ist eine Bibliothek eine Mediathek?

2. Sachbuch, Krimi ... – welche Bucharten kennt ihr noch? Wie könnt ihr eure Lieblingsbücher gezielt in der Bibliothek finden? Sprecht darüber.

3. Plant einen Klassenbesuch in einer Bibliothek.

4. Welche Erfahrungen habt ihr in der Bibliothek gemacht? Was findest du gut? Was gefällt dir weniger? Begründe deine Meinung.

5. Leih dir ein Buch, ein Hörbuch oder eine DVD in der Bibliothek aus. Stelle anschließend in der Klasse vor, was du dir ausgeliehen hast.

6. Nutze freie Lesezeiten und lass dich zum Lesen anregen. Auf S. 181 findest du Ideen, wie du ein Lesetagebuch führen kannst.

Wörterkette

Lies die Wörter so schnell wie möglich. Setze die Wörterkette fort.

Lesezeichen   Zeichensprache   Sprachbuch   Buchvorstellung
Vorstellungsrunde   Rundmail   Mailadresse   Adressbuch   Buchhandlung
Handlungsort   Ortsschild   Schilderwald   Waldlauf   Laufschuhe

Frau Quan schreibt Briefe, S. 158

1. a) Erkläre die Begriffe EDV, Fax, Chat, Mailbox und PC.

   b) Wie nutzt Frau Quan den PC? Warum bevorzugt sie in manchen
      Situationen handgeschriebene Briefe? Tauscht euch in der Gruppe aus.

   c) Wie hältst du es mit dem Briefeschreiben? Welche Medien nutzt du,
      um mit jemandem in Kontakt zu bleiben? Sprecht in der Klasse darüber.

2. Der Inhalt des Gedichts ist auch als Bildfolge dargestellt.
   Welche Strophe des Gedichts passt zu welchem Bild? Ordne zu.
   Schreibe nun das Gedicht mithilfe der Bilder als Geschichte um.

3. Lerne das Gedicht auswendig. Beachte den folgenden Lesetipp:

Ein Gedicht auswendig lernen

- Lies die Zeilen laut.
- Stelle dir genau vor, worum es in der Strophe geht.
- Schreibe dir in jeder Zeile eine Erinnerungshilfe auf,
  z. B. das erste Wort und das letzte Wort (oft das Reimwort).
  Du kannst auch etwas dazu malen.
- Decke mit einem Blatt immer mehr ab, bis du das Gedicht
  auswendig kannst.

Geld verdienen mit dem Handy, S. 159

1. Welcher Lesetipp hilft dir beim Lesen? Begründe.

2. a) Finde zu den einzelnen Textabschnitten Überschriften.

   b) Welche Geschäftsideen mit dem Handy werden im Text vorgestellt?
      Was meinst du dazu? Tausche dich mit einem Partner aus.

   c) Welche Auswirkungen hat das Handy auf unsere Lebenswelt?
      Welche Vor- und Nachteile ergeben sich daraus? Sprecht in der Klasse
      darüber. Haltet eure Stichwörter in einer Tabelle fest.

Herbst

Indian Summer

1 Viele Touristen besuchen jedes Jahr zur Herbstzeit die Gegend der Großen
Seen in den USA und erleben dort den Indian Summer – die herbstliche
Farbenpracht der Laubwälder. Sie leuchten in allen Rottönen:
vom strahlenden Orange bis zum tiefen Rot.
5 Man weiß nicht genau, warum diese Zeit „Indianer-Sommer" genannt wird.
Aber eine Sage der Indianer vom Stamm der Irokesen* erklärt, warum sich
die Blätter der Bäume so tiefrot verfärben.

Die Jagd auf den großen Bären

Es waren einmal vier Jäger, denen kein Wild entkommen konnte. Sie waren
Brüder. An einem Tag im Winter hörten sie, dass ein riesiger Bär aufgetaucht
10 sei – ein mächtiges Tier, womöglich ein Ungeheuer mit Zauberkräften.
Im Dorf, das er bedrohte, herrschte nur noch Angst. Kein Kind durfte
mehr im Wald spielen.
Die vier Jäger ergriffen ihre Speere, pfiffen ihrem Hund und machten sich
auf den Weg zu diesem Dorf. Im Wald war es totenstill. Kein Tier raschelte,
15 kein Vogel sang. Und dann entdeckten sie hoch oben am Stamm einer
großen Tanne die tiefen Kratzspuren eines Bären. „Es stimmt, was die Leute
befürchten", sagte der älteste Bruder. „Das ist der ungeheuerliche Riesenbär
Nyah-gwaheh, von dem unsere Stammesältesten erzählen."

Der Häuptling des Dorfes empfing die vier Brüder mit besorgtem Gesicht:
20 „Dieser Bär ist unbezwingbar. Seine Spur verschwindet, wenn man sie verfolgt."
Ein Bruder streichelte ihren kleinen Hund. „Vier-Auge macht das schon", sagte er.
„Er heißt so, weil er um jedes Auge einen schwarzen Ring hat. Er findet
jede Spur." Alle Brüder wussten, dass sie die Fährte des Nyah-gwaheh
finden mussten, bevor er ihre Spuren entdeckte. Sonst waren sie verloren.

* Irokesen: Angehörige eines nordamerikanischen Indianerstamms

25 Die vier Jäger folgten nun ihrem Hund, der aufmerksam schnüffelnd und
schnuppernd die Fährte des Bären suchte. Sie spürten die bedrohliche Nähe
des Ungeheuers. Endlich bellte Vier-Auge: Da war die Fährte! Die Jagd begann!
Der weiße Riesenbär flüchtete bergauf, bergab und wieder bergauf, immer
höher und höher. Die Jäger verfolgten ihn unerbittlich, fast ein Jahr lang.

30 Endlich stellten sie ihn: Vier-Auge packte den Schwanz, der Bär fuhr herum,
ein Jäger schleuderte seinen Speer – und tödlich getroffen fiel Nyah-gwaheh
blutend zu Boden.
Die Brüder zerlegten das Tier und brieten sein Fleisch. Wie sie so aßen,
bemerkten sie über und unter sich glitzernde Sterne. Sie waren nicht mehr

35 auf der Erde. Der Bär hatte die Jäger bis hinauf in den Himmel geführt.
Und plötzlich bellte Vier-Auge: Der weiße Bär erwuchs neu aus den
Knochen und flüchtete. Die Jäger griffen ihre Speere –
und wieder begann die lange Jagd.

Die Irokesen sehen den Riesenbären
40 *und seine Verfolger am Himmel.*
Es ist das Sternbild „Großer Bär".
Im Herbst wird der Bär getötet,
sein Blut verfärbt die Blätter der Bäume
zu tiefem Rot. Bald darauf wird der Bär
45 *wieder lebendig und die Jäger verfolgen ihn*
aufs Neue. Bis zum nächsten Herbst.

Wir kennen das Sternbild „Großer
Wagen". Die Wagensterne sind Teil
des ausgedehnten Sternbilds „Großer Bär".
50 *Die drei Deichselsterne sind die Verfolger.*

Weihnachten

Winter

1 Die Tiere diskutierten einmal über Weihnachten ...
Sie stritten, was wohl die Hauptsache an Weihnachten sei.
„Na klar, Gänsebraten", sagte der Fuchs.
„Was wäre Weihnachten ohne Gänsebraten?"

5 „Schnee", sagte der Eisbär. „Viel Schnee."
Und er schwärmte verzückt von der weißen Weihnacht.
Das Reh sagte: „Ich brauche aber einen Tannenbaum,
sonst kann ich nicht Weihnachten feiern."
„Aber nicht so viele Kerzen", heulte die Eule.

10 „Schön schummrig und gemütlich muss es sein.
Stimmung ist die Hauptsache."
„Aber mein neues Kleid muss man sehen", sagte der Pfau.
„Wenn ich kein neues Kleid kriege, ist für mich kein Weihnachten."
„Und Schmuck!", krächzte die Elster. „Jedes Weihnachten bekomme

15 ich was: einen Ring, ein Armband. Oder eine Brosche oder eine Kette.
Das ist für mich das Allerschönste an Weihnachten."
„Na, aber bitte den Stollen nicht vergessen", brummte der Bär.
„Das ist doch die Hauptsache. Wenn es den nicht gibt und
all die süßen Sachen, verzichte ich auf Weihnachten."

20 „Mach's wie ich", sagte der Dachs,
„pennen, pennen, pennen. Das ist das Wahre.
Weihnachten heißt für mich: mal richtig pennen."
„Und saufen", ergänzte der Ochse.
„Mal richtig einen saufen – und dann pennen."

25 Aber da schrie er „aua", denn der Esel hatte
ihm einen gewaltigen Tritt versetzt.
„Du Ochse du, denkst du denn nicht an das Kind?"
Da senkte der Ochse beschämt den Kopf und sagte:
„Das Kind. Jaja, das Kind. Das ist doch die Hauptsache."

30 Dann fragte er den Esel: „Übrigens,
wissen das eigentlich die Menschen?"

Verfasser unbekannt

Schneeflockerl

1 Hods a Schneeflockerl gschneibd,
ob dees bleibd?
Hods zwoa Schneeflockerl gschniebm,
san de bliebm?
5 Drei, vier, fünfe schneibds no dazua,
is des gnua?
Aba nacha schneibds de ganz Nacht,
hob i glacht?
Weida schneibds und oiwei zua,
10 wos i dua?

I steh nämle auf in da Friah,
ganz ohne Miah.
Geh naus in diafn Schnee,
ko nimma steh.
15 Hupf glei wieda ins Bett,
mei is des nett!
Schuifrei – i wett!!

Sieglinde Ostermeier

Ein winterliches Gedicht

1 Erst gestern war es, denkst du daran?
Es ging der Tag zur Neige.
Ein böser Schneesturm da begann
und brach die dürren Zweige.

5 Der Sturmwind blies die Sterne weg,
die Lichter, die wir lieben.
Vom Monde gar war nur ein Fleck,
ein gelber Schein geblieben.

Und jetzt? So schau doch nur hinaus:
10 Die Welt ertrinkt in Wonne.
Ein weißer Teppich liegt jetzt aus.
Es strahlt und lacht die Sonne.

Wohin du siehst: Ganz puderweiß
geschmückt sind alle Felder.
15 Der Bach rauscht lustig unterm Eis.
Nur finster stehn die Wälder.

Alexander Puschkin (1799 – 1837)

Freitag, 5. Februar 2017

Chinesenfasching

**Beginn der närrischen Tage:
Auf nach „Bayrisch China"!**

Dietfurt an der Altmühl –
1 Dietfurt im Ausnahmezustand!
Tausende Narren feierten am
Unsinnigen Donnerstag aus-
gelassen Chinesenfasching.
5 Schon ab 2 Uhr morgens ging
es mit dem bunten Treiben
los: Die sogenannten „Gelben
Ameisen", die Vorboten des
Kaisers, zogen mit Musik und
10 allerlei Getöse durch die Gassen
und kündigten mit dem Weck-
ruf „Kille-Wau" den schlafenden Dietfurtern die Herrschaft
des Kaisers Ko-Huang-Di an.

15 Punkt 14.01 Uhr, oder wie die
Narren sagen, um 13.61 Uhr,
startete der bunte Maskenzug
zum Chinesenfasching – dieses
Mal unter dem Motto: „Fu-Gao-
20 Di, der Sonnensohn, regiert ab
jetzt vom Kaiserthron!"

Über 50 bunt geschmückte
Wagen, Fußgruppen und Musik-
kapellen nahmen an diesem
in Deutschland einzigartigen
25 Spektakel* teil.
Auch heuer kamen Zehntau-
sende Besucher, um das Fa-
schingsereignis mitzuverfolgen
30 und die aufwendigen bayrisch-
chinesischen Kostüme sowie
Motivwägen zu bestaunen.
Wie immer erntete der bunt
geschmückte Drachenwagen

35 mit dem stolzen Kaiser auf
dem Podest bewundernde Blicke
der Bevölkerung.
Der große Faschingsumzug en-
dete auf dem Rathausplatz, wo
40 die Gaudi erst richtig losging:
Nach der feierlichen Krönung
des Kaisers stimmten alle Fa-
schingsfreunde gemeinsam die
Dietfurter Faschingshymne an.
45 Vom närrischen Volk bejubelt,
verließ der Kaiser nach einer
Stunde tanzend die Bühne,
während die Dietfurter bis in die
frühen Morgenstunden in den
50 örtlichen Gaststätten für beste
Stimmung sorgten.
Noch bis Faschingsdienstag
ist der Kaiser Herrscher über
„Bayrisch China" und regiert
55 die fünfte Jahreszeit**.

Schon gewusst? Der berühmte Dietfurter Chinesenfasching geht auf
eine Sage aus dem Mittelalter zurück. Die Bürger der Stadt Dietfurt ließen
einen Steuereintreiber einfach vor den Stadtmauern stehen. Dieser kehrte
verärgert zum Bischof zurück und beschwerte sich, die Stadtbevölkerung
hätte sich „wie die Chinesen" hinter ihren Mauern verschanzt.

* Spektakel: ein Ereignis, das aufregend ist und Aufsehen erregt
** fünfte Jahreszeit: Gemeint ist hier die Faschingszeit.

Chinesische Drachen

1 Der chinesische Drache sieht dem europäischen
Drachen ziemlich ähnlich.
Er wird beschrieben als ein Wesen aus neun
verschiedenen Tieren: Er hat den Kopf eines Kamels,
5 die Augen eines Teufels, die Ohren eines Ochsen,
die Hörner eines Hirsches, den Hals
einer Schlange, den Hinterleib einer
Muschel, die Klauen eines Adlers,
die Tatzen eines Tigers und den
10 schuppigen Körper eines Fischs.

In westlichen Märchen und Sagen
werden Drachen oft als Ungeheuer
dargestellt, die von Helden getötet
werden. Im Gegensatz dazu sind
15 chinesische Drachen Glücksbringer
und stehen für Friedfertigkeit.
In der chinesischen Kultur nimmt
der Drache eine wichtige Stellung ein.
Schon das „ I Jing", das jahrtausendealte
20 Weissagebuch der Chinesen, beschreibt,
wie er die Jahreszeiten und auch die Ernte
bestimmt. Drachen stehen in China
für ein langes Leben und Glück.

Der Drache ist auch eines von zwölf Tieren
25 des chinesischen Tierkreiszeichens,
wobei jedes Tier für ein
anderes Jahr steht.
Wer im Jahr des Drachen
geboren wurde (zum
30 Beispiel 1988, 2000
oder 2012), gilt als
besonders glücklich.

FRÜHLING

Er ist's

1 Frühling lässt sein blaues Band
Wieder flattern durch die Lüfte;
Süße, wohlbekannte Düfte
Streifen ahnungsvoll das Land.
5 Veilchen träumen schon,
Wollen balde kommen.
– Horch, von fern ein leiser Harfenton!
Frühling, ja du bist's!
Dich hab ich vernommen!

Eduard Mörike (1804 – 1875)

Frühlingswünsche

1 Die alten Blätter sind verweht, die Bäume kriegen junge.
Die Amsel pfeift im Haselbusch und schnalzt mit ihrer Zunge.
Der letzte Schnee tropft von dem Dach in unsre Regentonne.
Die Katze auf der Fensterbank genießt die Morgensonne.
5 Die braunen Gräser recken sich und kriegen grüne Spitzen
– und mittags kann der Großpapa schon mal im Garten sitzen.
Wie frisch gewaschen ist die Luft,
statt Schnee fiel wieder Regen.
Wenn's morgen doch schon Sommer wär!
10 – Wir hätten nichts dagegen.

Eva Rechlin

Die vier Brüder

1 Vier Brüder geh'n jahraus, jahrein
im ganzen Jahr spazieren;
doch jeder kommt für sich allein,
uns Gaben zuzuführen.

5 Der Erste kommt mit leichtem Sinn,
in reines Blau gehüllet,
streut Knospen, Blätter, Blüten hin,
die er mit Düften füllet.

Der Zweite tritt schon ernster auf
10 mit Sonnenschein und Regen,
streut Blumen aus in seinem Lauf,
der Ernte reichen Segen.

Der Dritte naht mit Überfluss
und füllet Küch' und Scheune,
15 bringt uns zum süßesten Genuss
viel Äpfel, Nüss' und Weine.

Verdrießlich braust der Vierte her,
in Nacht und Graus gehüllet,
zieht Feld und Wald und Wiesen leer,
20 die er mit Schnee erfüllet.

Wer sagt mir, wer die Brüder sind,
die so einander jagen?
Leicht rät sie wohl ein jedes Kind,
drum brauch' ich's nicht zu sagen.

Karoline Stahl (1776 – 1837)

Sommer

Ich bin der Juli

1 Grüß Gott! Erlaubt mir, dass ich sitze,
ich bin der Juli; spürt ihr die Hitze?
Kaum weiß ich, was ich noch schaffen soll,
die Ähren sind zum Bersten voll;
5 reif sind die Beeren, die blauen und roten,
saftig sind Möhren und Bohnen und Schoten.
So habe ich ziemlich wenig zu tun,
darf mich ein bisschen im Schatten ruhn.
Duftender Lindenbaum,
10 rausche den Sommertraum!
Seht ihr die Wolke? Fühlt ihr die Schwüle?
Bald bringt Gewitter Regen und Kühle.

Paula Dehmel (1862 – 1918)

Sommerregen

1 Die Bäume sind nass vom Kopf bis zum Zeh.
Ich wandere barfuß durch die Allee.
Die Wiese ist sumpfig, der Weg ist ein Bach,
es trommeln die Tropfen aufs Gartenhausdach.

5 Ich wandere barfuß. Das Gras kitzelt so.
Was ich hier mache? Nass sein und froh!

Georg Bydlinski

Dialekte in Bayern

1 Sommerzeit ist Ferienzeit. Ganz gleich,
ob ihr in Deutschland oder im Ausland
unterwegs seid – überall begegnen euch
unterschiedliche Sprachen und Dialekte.
5 Selbst Bairisch ist nicht allerorts gleich.

Und so ist es auch für die Bayern nicht immer leicht, sich gegenseitig
zu verstehen. Wusstest du schon, dass es in Bayern gleich
drei große Dialekte gibt? – Bairisch, Fränkisch und Schwäbisch.

Willkommen in Bayern

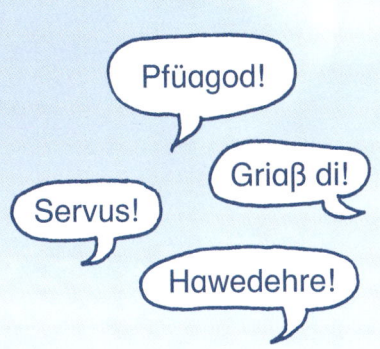

Pfüagod!

Griaß di!

Servus!

Hawedehre!

	Bairisch	Fränkisch	Schwäbisch
Tag	Dog	Dooch	Taag
Pullover	Bulowa	Bulloower	Bullobr
Wagen	Wagerl	Woocha	Waaga
sagen	sang	soocha	saaga
Häuschen	Haisl	Haisle	Heisle
einer	oaener	aanr	oinr
kommen	kimma	kumma	komma

Gstanzl*
Und a Floh und a Fliagn
de san so schwar zum Kriagn;
hätt' da Floh d'Fliagl von da Fliagn,
war a no schwara zum Kriagn.
Bairisch

Mundart-Rätsel
Was ist in Bayerisch-Schwaben
mit „Herrgottskühlein", „Zwuzel",
„Bauchbutzl", „Bebblesgmias"
und „Klufa" gemeint?

*Marienkäfer, Baby, Bauchnabel,
Rosenkohl, Wäscheklammern*

A richtis Franknkind
I bin a richtis Franknkind
Und will nix annersch sei –
Und wenn i hunnert Joahr alt war,
na will is hunnert blei.

I ho en Steigerwald sou garn,
en Wengert und n Mee –
i kann mi ohna dia nit denk,
die sen mei Fräd allee.

Fränkisch (Nikolaus Fey, 1881 – 1956)

Worterklärung
Steigerwald: Naturpark inmitten von Franken
Wengert:　Weinberg, Weingarten
Mee:　　　Main (Fluss)

Jahreszeiten – mit Texten umgehen

Herbst – Indian Summer, S. 164/165

 1. Lest die Überschrift und betrachtet die Bilder.
Vermutet, worum es in dem Text geht.
Was wisst ihr schon über das Thema? Tauscht euch aus.

 2. Übe, den Text mit einem Partner laut und flüssig zu lesen.
Hinweise zum Lautlese-Training findest du auf S. 186.

3. Überlege: Ist diese Geschichte ein Märchen, eine Sage oder eine
Lügengeschichte? Textsorten findest du auch auf S. 190/191 erklärt.

4. Was will die Geschichte vom Stamm der Irokesen erklären?

5. Male einen Indian Summer mit verschiedenen Rottönen.

Winter, S. 166/167

Weihnachten, S. 166

 1. Lest den Text mit verteilten Rollen. Ahmt die Tiere nach
und spielt mit eurer Stimme (heulen, krächzen, brummen …).

2. Was ist für dich an Weihnachten wichtig? Sprecht darüber.

Schneeflockerl, S. 167

1. Lies das Gedicht erst still für dich, dann noch einmal laut (Lesetipp 2).

2. Versuche, die bayerischen Wörter richtig auszusprechen.
Welche Wörter hast du nicht verstanden? Sprecht darüber.

3. Trage nun das Gedicht mit passender Mimik und Gestik vor.

 4. Übersetzt ins Hochdeutsche. Wie wirkt das Gedicht jetzt?
Wie hört es sich an? Warum verwendet die Autorin Dialekt?

Ein winterliches Gedicht, S. 167

1. Lest das Gedicht zu zweit vor. Wechselt euch nach jeder Strophe ab.

 2. a) Schreibe in einem Brief über das Wintererlebnis,
das im Gedicht erzählt wird: *Liebe xxx, gestern Abend …*

b) Was magst du am Winter? Was magst du nicht? Tauscht euch aus.

c) Informiert euch im Internet oder in Sachbüchern über den Autor.
Was will er uns mit dem Gedicht sagen? Stellt eure Ergebnisse vor.

3. Lerne das Gedicht auswendig und trage es so vor, als ob du
mit jemandem sprechen würdest. Beachte auch Lesetipp 9.

Chinesenfasching, S. 168

1. a) Woran erkennst du, dass der Text ein Zeitungsartikel ist?

   b) Bildet Kleingruppen und tauscht euch über
      den Zeitungsartikel aus. Überlegt euch Fragen,
      die der Text beantwortet (Lesetipp 3).

   c) Stellt euch in der Klasse gegenseitig eure Fragen und beantwortet diese.

2. Welche bayerischen Faschingsbräuche kennt ihr noch?
   Sammelt Informationen und schreibt einen Zeitungsartikel darüber.
   Alternativ könnt ihr auch ein Plakat dazu gestalten.

3. Präsentiert eure Ideen in der Klasse und bewertet die Vorträge.

4. Wie bist du vorgegangen, um Informationen für andere aufzubereiten?
   Was war gut? Was könnte man besser machen? Sprecht darüber.

Chinesische Drachen, S. 169

1. Welcher Lesetipp hilft dir, den Text gut zu verstehen? Begründe.

2. In welchem Zusammenhang steht der chinesische Drache mit
   der Faschingshochburg Dietfurt an der Altmühl (siehe S. 168)?

3. Worin unterscheidet sich der chinesische Drache von dem in westlichen
   Märchen und Sagen? Schreibe Stichwörter. Du kannst auch dazu malen.

4. Chinesische Drachen sind Glücksbringer. Gestalte ein Schmuckblatt
   und schreibe kleine Glücksbotschaften. Wen möchtest du beschenken?

*Das Glück
kommt zu denen,
die lachen.*

福
Glück

*Das größte Glück steckt
in den kleinsten
Dingen des Lebens.*

Frühling, S. 170 / 171

Er ist's, S. 170

1. Vor dem Lesen: Plant einen Frühlingsspaziergang in der Natur.
   Was fühlst du? Was siehst du? Was hörst du? Was riechst du?
   Lass deinen Gedanken freien Lauf und schreibe Stichwörter auf.

2. Wie kündigt sich der Frühling im Gedicht an? Tausche dich aus.

3. Lerne das Gedicht auswendig und trage es vor.

4. Wie heißt der Verfasser des Gedichts? Kennt ihr noch andere Gedichte
   von ihm? Wo könntet ihr euch über den Autor informieren?

Frühling, S. 170/171 (Fortsetzung)

Frühlingswünsche, S. 170

1. Spielt zu zweit ein Lesespiel: Nenne einem Partner ein Wort aus dem Gedicht. Er muss das Wort im Gedicht so schnell wie möglich finden und die Zeile benennen. Dann wechselt ihr die Rolle.

2. Übe, das Gedicht mit einem Partner laut und flüssig zu lesen. Hinweise zum Lautlese-Training findest du auf S. 186.

3. Welche Frühlingswünsche entdeckst du im Gedicht? Schreibe sie auf.

4. Was wünscht ihr euch vom Frühling? Interviewt euch gegenseitig.

Die vier Brüder, S. 171

1. Bildet Gruppen. Lest gemeinsam das Gedicht.

2. Erzählt nach, wer die vier Brüder sind.

3. Ein Sprecher liest das Gedicht vor, die anderen verkleiden sich und stellen das Gedicht pantomimisch oder mit Geräuschen dar.

4. Was bringen die Brüder mit? Was wünschst du dir von jedem Bruder als „Mitbringsel? Stelle die Informationen in einer Tabelle zusammen.

Sommer, S. 172

Ich bin der Juli, S. 172

1. Der Juli beschreibt den Sommer. Wovon spricht er?

2. Spiele den Juli nach und trage das Gedicht vor.

Sommerregen, S. 172

1. a) Was wird im Gedicht beschrieben? Hast du das auch schon erlebt?

   b) An welche anderen Geräusche und Beobachtungen erinnert ihr euch?

   c) Gestaltet den Sommer als Klanggedicht. Überlegt euch zu den Zeilen passende Geräusche (gurgelnder Bach, Regen ...).

2. Schreibe ein Gedicht zum Sommer, z. B. ein Akrostichon (siehe rechts). Anregungen zum kreativen Umgang mit Gedichten findest du auf S. 184.

Sonnenmilch
Obstsalat
Meer
Muscheln
Eisdiele
Ruderboot

Dialekte in Bayern, S. 173

1. Vor dem Lesen: Lies die Überschrift und betrachte die Seite.
   Vermute, worum es geht. Was weißt du schon über das Thema?

2. Nach dem Lesen: Welche deiner Vermutungen
   passen zum Text? Was hast du gelernt?

3. a) Versuche, die Wörter in Bairisch, Fränkisch
   und Schwäbisch richtig auszusprechen.

   b) Vergleiche die Wörter mit einem Partner:
   Was ist gleich? Wo gibt es Unterschiede?

   c) Welche Dialekte kennt ihr? Sprecht ihr einen Dialekt?
   Tauscht euch in der Klasse aus und sammelt weitere Dialektwörter.

4. Wählt aus den Mundart-Texten einen oder mehrere aus.
   Übersetzt den Text / die Texte ins Hochdeutsche.
   Wie wirken sie jetzt? Welche Wörter habt ihr nicht verstanden?

5. Stellt eine Sammlung mit Mundart-Texten zusammen und gestaltet sie.
   Sucht zuhause, in der Bibliothek und im Internet nach Texten.

6. Lest euch die Wörter unten gegenseitig vor. Derjenige, der zuhört,
   sucht das Bild auf der Sprachtafel und übersetzt ins Hochdeutsche.
   Fallen euch noch mehr Wörter zu Themen wie Schule, Familie … ein?

Willkommen in
Bayern

Bairische Sprachtafel

Essn / Dringa

d'Friahsuppn ('s Frühstück)	a Saft
's Middogessn	a Wëi
's Kaffädringa	a Bia (Bier)
's Omdessn	a Wassa
's Brood / 's Broud	a Tää / a Tääbeitl
d' Semme	a Obst

D' Natur

d'Erdn	's Bleama ('s Bleamal) / de Bleama
d'Woikn	da Stern / de Stern
da Regn	's Viech, 's Viechal d' Viecha / d' Viechal
d'Sunna / d'Suna	's Wassa (da Boch, da Fluus)
da Mond	da Bààm
d'Wiesn	d'Menschan

Einen Text zusammenfassen

So kannst du einen Text für dich oder andere zusammenfassen:

1. Lerne den Text allein oder in einer Lesekonferenz gut kennen.

2. Verschaffe dir Schritt für Schritt einen Überblick über den Text:

   • Lies die Überschrift und betrachte die Bilder oder Fotos.

   • Gliedere den Text in Abschnitte.

   • Finde für jeden Abschnitt eine Überschrift oder ein Stichwort.

   • Schreibe wichtige Wörter oder Sätze im Abschnitt auf.

3. Versichere dich, dass du den Text wirklich kennst.

   • Kläre unbekannte Wörter und stelle W-Fragen an den Text:
     Wer? Was? Wann? Warum? Wo? Wie?

   • Du kannst auch ein Schaubild zum Text gestalten.

4. Fasse den Inhalt des Textes in eigenen Worten zusammen.

5. Trage deine Zusammenfassung in der Klasse vor.
   Deine Stichwortsammlung oder ein Schaubild können dir helfen.

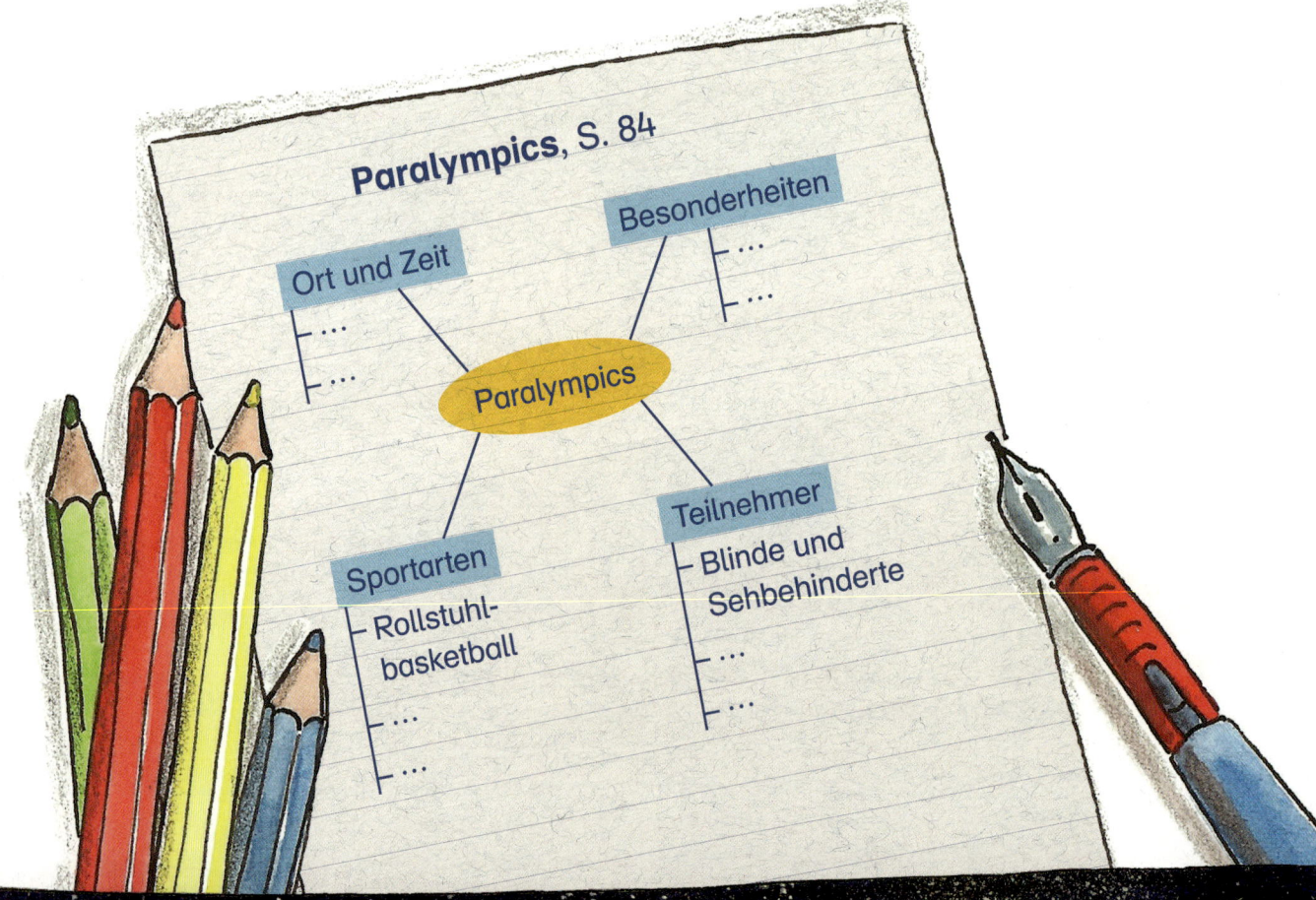

Stichwörter notieren

Wenn du einen Text in eigenen Worten zusammenfassen willst, hilft es dir, wichtige Begriffe oder kleine Wortgruppen aufzuschreiben.

So kannst du vorgehen:

- Lies zunächst den ganzen Text und verschaffe dir einen Überblick.

- Lies den Text noch einmal Satz für Satz und überlege dir nach jedem Abschnitt eine Zwischenüberschrift (**A**, **B**, …).

- Halte dann wichtige Wörter als Stichwörter fest. Achte darauf, dass die Stichwörter miteinander zusammenhängen.

- Wenn dir eine Kopie vom Text vorliegt, kannst du beim Lesen auch Wörter / Wortgruppen unterstreichen, die wichtige Informationen enthalten. Bitte nimm keine Markierungen in diesem Lesebuch vor.

- Zum Schluss: Prüfe, ob du den Text mithilfe deiner Notizen wiedergeben oder einem Partner nacherzählen kannst.

Anwendung am Beispiel „Prometheus", S. 26 / 27:

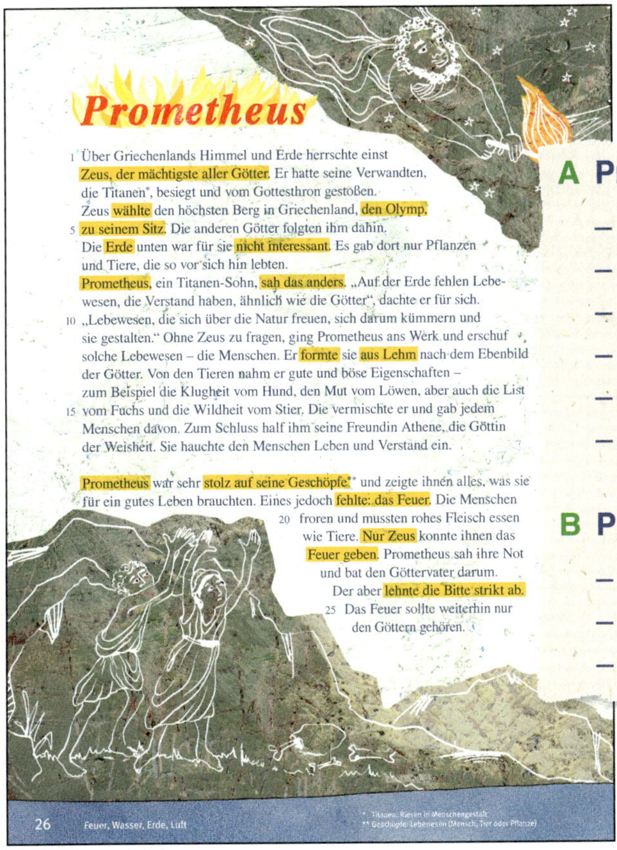

Prometheus

1 Über Griechenlands Himmel und Erde herrschte einst Zeus, der mächtigste aller Götter. Er hatte seine Verwandten, die Titanen*, besiegt und vom Gottesthron gestoßen. Zeus wählte den höchsten Berg in Griechenland, den Olymp,
5 zu seinem Sitz. Die anderen Götter folgten ihm dahin. Die Erde unten war für sie nicht interessant. Es gab dort nur Pflanzen und Tiere, die so vor sich hin lebten. Prometheus, ein Titanen-Sohn, sah das anders. „Auf der Erde fehlen Lebewesen, die Verstand haben, ähnlich wie die Götter", dachte er für sich.
10 „Lebewesen, die sich über die Natur freuen, sich darum kümmern und sie gestalten." Ohne Zeus zu fragen, ging Prometheus ans Werk und erschuf solche Lebewesen – die Menschen. Er formte sie aus Lehm nach dem Ebenbild der Götter. Von den Tieren nahm er gute und böse Eigenschaften – zum Beispiel die Klugheit vom Hund, den Mut vom Löwen, aber auch die List
15 vom Fuchs und die Wildheit vom Stier. Die vermischte er und gab jedem Menschen davon. Zum Schluss half ihm seine Freundin Athene, die Göttin der Weisheit. Sie hauchte den Menschen Leben und Verstand ein.

Prometheus war sehr stolz auf seine Geschöpfe** und zeigte ihnen alles, was sie für ein gutes Leben brauchten. Eines jedoch fehlte: das Feuer. Die Menschen
20 froren und mussten rohes Fleisch essen wie Tiere. Nur Zeus konnte ihnen das Feuer geben. Prometheus sah ihre Not und bat den Göttervater darum. Der aber lehnte die Bitte strikt ab.
25 Das Feuer sollte weiterhin nur den Göttern gehören.

26   Feuer, Wasser, Erde, Luft

* Titanen: Riesen in Menschengestalt
** Geschöpfe: Lebewesen (Mensch, Tier oder Pflanze)

A Prometheus erschafft die Menschen

- Zeus, der mächtigste aller Götter
- wählte den Olymp zu seinem Sitz
- Erde für Götter nicht interessant
- Prometheus sah das anders
- formte Lebewesen aus Lehm
- …

B Prometheus bittet Zeus um Feuer

- Prometheus stolz auf Geschöpfe
- für ein gutes Leben fehlte Feuer
- ….

Lesekonferenz

In der Lesekonferenz könnt ihr in einer Gruppe miteinander über einen Text sprechen. Jeder kann seine Meinung äußern und Fragen stellen.

So könnt ihr vorgehen:

1. Eine Schülerin oder ein Schüler sorgt dafür, dass jeder zu Wort kommt und dass die Aufgaben durchgeführt werden.
Wechselt euch bei der Gesprächsleitung ab.

2. Einer von euch schreibt in knappen Sätzen oder Stichwörtern auf, was ihr in der Lesekonferenz besprecht. Dieses „Protokoll" ist eine Erinnerungshilfe an den Text und an eure Gedanken.

3. Schaut euch die Bilder oder Fotos an, die zum Lesestück gehören. Geben sie einen Hinweis auf den Inhalt des Textes?
Was sagt euch die Überschrift?

4. Lest den Text still. Einigt euch zuvor, ob ihr ihn in Abschnitten oder als Ganzes lesen wollt.

5. Sagt reihum, was ihr zum Text meint – was ist darin interessant, ungewöhnlich, lustig, traurig, spannend, seltsam? Wie gefällt er euch?

6. Lest euch gegenseitig Textstellen vor, die euch aufgefallen sind – weil sie besonders interessant, lustig, wichtig oder schwierig sind.

7. Klärt miteinander schwierige Stellen. Bei unbekannten Wörtern helfen Bücher aus eurer Klassenbibliothek oder das Internet weiter.

8. Fasst mithilfe des Protokolls (siehe 2. Punkt) zusammen, was ihr zum Text besprochen habt: Worum geht es im Text?
Was haben wir uns dazu gedacht?

Ein Lesetagebuch führen

Mit einem Lesetagebuch kannst du ein Buch besser verstehen und dich auch später gut daran erinnern. Schreibe den Titel des Buches und das Kapitel als Überschrift. Schreibe auch dazu, wann und wo du das Buch oder die Geschichte gelesen hast.

Du kannst ...

- besondere Textstellen abschreiben, die du schön, spannend, traurig, lustig oder wichtig findest. Gib zu jedem Eintrag die Seitenzahl an.
- den Inhalt eines Kapitels kurz erzählen.
- Textstellen aufschreiben, die du im Unterricht besprechen willst.
- Personen des Buches zeichnen und Steckbriefe schreiben.
- deine Meinung zu dem aufschreiben, was eine Person tut.
- einen Teil so notieren, als ob du die Hauptperson wärst.
- Zeichnungen zu verschiedenen Szenen anfertigen.
- einer Person aus dem Buch einen Brief schreiben.

Zu welchem Lesebuchtext gehört dieser Brief?

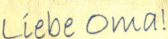

24. Mai

Liebe Oma!

Wir haben zwar erst gestern miteinander telefoniert. Aber ich vermisse dich und muss oft an dich denken. Unser kleines Haus, der Fußballplatz und all meine Freunde fehlen mir sehr. Hier ist alles so anders.

Aber stell dir vor, in der neuen Sprache habe ich jetzt schon einige Wörter gelernt: Tor, Ball, ich, heißen.

Heute durfte ich mit den Kindern auf dem Spielplatz Fußball spielen.

Viele Grüße,
dein Tsozo

Ein Buch vorstellen

Wähle ein Buch aus, das dir selbst gut gefällt. So kannst du deine Klasse mit deiner Begeisterung für das Buch anstecken. Vielleicht habt ihr ja Lust, eure Büchertipps auch anderen Klassen vorzustellen oder im Schulhaus zu präsentieren?

Diese Checkliste hilft dir bei der Vorstellung deines Lieblingsbuches:

- Wie heißt das Buch? Wer hat es geschrieben? Wann?
- Warum hast du das Buch ausgewählt?
- Was für ein Buch ist es? (Sachbuch, Roman, Comic …)
- Worum geht es darin? (bei Sachbüchern)
- Wer ist die Hauptperson? Wo und wann spielt die Geschichte? Was geschieht? (bei Romanen, Comics)
- Lies eine Stelle vor, die dir besonders gut gefällt, oder zeige ein Bild.
- Wem würde dein Buch gefallen? Wem nicht?

Lesekiste

Du kannst dein Lieblingsbuch auch mit einer Lesekiste vorstellen. Lesekisten sind Schuhkartons, die passend zum Buch gestaltet und gefüllt werden.

- Überlege vor dem Vortrag, was du nacheinander zeigen willst.
- Schreibe in Stichwörtern auf, was du dazu sagen möchtest. Die **Checkliste** oben hilft dir dabei.
- Schreibe auf den Deckel den Titel und Autor des Buches, dazu das Erscheinungsjahr.
- Klebe auf die Kartonseiten Bilder und Fotos. Im Karton haben Dinge Platz, die zum Inhalt des Buches gut passen.

Mit Texten kreativ weiterarbeiten

Du kannst einen Text so umgestalten, dass daraus ein anderer wird.
Auf diese Weise entstehen neue Geschichten und du lernst
den Lesetext noch einmal von einer anderen Seite kennen.
Es gibt viele Möglichkeiten, Texte umzusetzen.

Du kannst einen Text …

- mit verschiedenen Materialien gestalten
  oder etwas dazu malen.

- vertonen (z. B. mithilfe von Instrumenten,
  Sprachlauten oder Dingen aus dem Haushalt).

- aus Sicht einer anderen Person erzählen.

- als Comic gestalten.

- als Hörbuch oder Drehbuch für eine Filmszene umschreiben.

- weiterschreiben oder dir ein neues Ende ausdenken.

- spielerisch darstellen (z. B. als Rollenspiel, Puppen-,
  Marionetten- und Schattenspiel).

- in eine andere Textart verwandeln, z. B. Märchen, Brief,
  Tagebucheintrag, Interview, Zeitungsbericht, Steckbrief.

Beispiel: Galileo Galilei erforscht die Sterne, S. 96 – 100

Woran erkennst du, dass der Text als Steckbrief umgesetzt ist?

Steckbrief

Name: Galileo Galilei
Geburtsjahr: 1564
Geburtsort: Pisa
Nationalität: italienisch
Beruf: Mathematiker, Astronom
Wichtige Entdeckungen:
Jupitermonde, Sonne ist Mittelpunkt
des Weltalls, Planeten kreisen um
Sonne
Wichtige Erfindungen: Fernrohr

Kreativ mit Gedichten umgehen

Ihr könnt Gedichte lesen, vortragen, vertonen, dazu malen, mit Schrift gestalten, am Computer schreiben und selbst eigene Gedichte verfassen.

Hier findet ihr ein paar Ideen für neue Gedichtformen:

Avenida

Ein Avenida besteht aus drei Wörtern, die nach einem bestimmten Muster wiederholt werden.

Akrostichon

Die Anfangsbuchstaben der Zeilen bilden von oben nach unten gelesen ein Wort.

A	Sonne
A u. B	Sonne und Regen
B	Regen
B u. C	Regen und Wolken
A	Sonne
A u. C	Sonne und Wolken
A u. B u. C	Sonne und Regen und Wolken
D	Regenbogen

Sonnenmilch
Obstsalat
Meer
Muscheln
Eisdiele
Ruderboot

Bildgedicht

Ein Bildgedicht besteht aus Wörtern oder Buchstaben, die einen Gegenstand darstellen oder das Gedicht bzw. den Text veranschaulichen.

Haiku

Ein Haiku erzählt von einem Geschehen in der Natur. Es besteht aus drei Zeilen mit insgesamt 17 Silben:
1. Zeile – 5 Silben,
2. Zeile – 7 Silben,
3. Zeile – 5 Silben.

Das Essen soll zuerst das Auge erfreuen und dann den Magen.

Johann Wolfgang von Goethe

*Frühling ist erwacht!
Wunderschöne Blütenpracht
Blumenstrauß für dich*

Texte aufführen

Texte, die für verschiedene Rollen geschrieben sind, könnt ihr wie ein Theaterstück aufführen, zum Beispiel Rumpelstilzchen S. 108 – 110.

Texte mit Dialogen könnt ihr ebenfalls abschnittsweise nachspielen: Hannes fehlt S. 12/13, Klassenkeile S. 14 – 17, Zwei Augenbrauen sind besser als eine S. 40/41, Das geht Frau Neugebauer überhaupt nichts an S. 42/43, Die Klassenfahrt S. 44/45, Markus mag Maja S. 64/65, Mäuserettung S. 122/123, Dachbodenluft schmeckt anders S. 138/139.

Jeder Mitspieler muss sich in seine Rolle hineinversetzen. Damit das Zusammenspiel gelingt, müsst ihr gemeinsam proben.

So gelingt die Aufführung:

- Bildet eine Gruppe. Die Zahl der Mitglieder richtet sich nach den Rollen.
- Lest das Stück zunächst mit verteilten Rollen.
- Jeder Mitspieler erhält vom Lehrer einen Text, markiert seine Sprechrolle und lernt den Text auswendig.
- Tauscht euch aus. Wie soll jede Rolle gesprochen werden: laut, leise, unsicher, bestimmt, langsam oder schnell?
- Haltet Sprechproben ab, bis jeder Spieler seine Einsätze kennt.
- Danach probt ihr die Spielhandlung.
- Wie bewegen sich die Spieler?
- Welche Kleidung tragen sie?
- Was hat jeder in der Hand?
- Welche Gegenstände benötigt ihr?
- Wo findet die Aufführung statt?
- Wer malt ein Plakat zur Ankündigung der Aufführung?

Viel Erfolg!

Lautes Lesen mit einem Partner

Beim Lautlese-Training übst du mit einem Partner zusammen.
Wer schon gut lesen kann, unterstützt seinen Lesepartner
beim flüssigen Lesen.

Wählt euch einen Text im Lesebuch aus,
z. B. Indian Summer, S. 164/165.

1. Lest die Überschrift und betrachtet die Bilder.
   Vermutet, worum es im Text geht.
   Was wisst ihr schon über das Thema?

2. Beginnt den Text nun gleichzeitig zu lesen.
   Achtet auf ein gemeinsames Lesetempo.
   Bist du beim Lesen unsicher? Klopfe leise
   auf den Tisch. So weiß dein Partnerkind,
   dass es stoppen muss. Es liest dir den Satz
   noch einmal langsam vor. Dann wiederholt
   ihr den Satz gemeinsam und lest weiter.

3. Lest die Abschnitte des Textes jetzt abwechselnd.
   Verbessert euch gegenseitig freundlich.
   Lest den Text nun ein zweites Mal und tauscht die Abschnitte.

4. Schätzt nach jedem Durchgang gegenseitig euer Vorlesen ein
   und tragt eure Einschätzung in einen Lesepass ein.
   Welche Erfahrungen macht ihr?

5. Lest denselben Text zu einem späteren Zeitpunkt noch einmal.
   Wie fällt jetzt eure Beurteilung aus? Vergleicht mit dem ersten Eintrag.

Lesepass für: __Hanna__

Datum: 24.5.	die meisten Wörter werden flüssig vorgelesen	gutes Vorlesetempo (nicht zu schnell und nicht zu langsam)	passende Pausen (bei Kommas und am Satzende)	treffende Betonung
Selbsteinschätzung	☺ ☺ ☹	☺ ☺ ☹	☺ ☺ ☹	☺ ☺ ☹
Partnereinschätzung	☺ ☺ ☹	☺ ☺ ☹	☺ ☺ ☹	☺ ☺ ☹

Lesen auf einen Blick

Je mehr Wörter du in einem unbekannten Text auf einen Blick lesen kannst, desto schneller und fehlerfreier kannst du ihn lesen. Übe mit einem Partner. Ihr könnt eigene Texte oder Texte aus dem Lesebuch zum Üben verwenden. Vielleicht fallen euch ja noch weitere Leseübungen ein.

Lange Wörter lesen

Schreibt bis zu zehn lange Wörter (z. B. zusammengesetzte Wörter oder Wörter mit mehreren Silben) aus einem Text heraus. Jeder liest die Wörter des anderen und markiert bekannte Wörter oder Wortteile.

Textil|fabrik – Hafer|brei – Geburtstag|s|geschenke – Woll|strümpfe – Nach|mittag – Abend|essen – Nacht|hemd – ver|dienten

Unvollständige Wörter erkennen

Schreibe bis zu fünf Sätze aus einem Text. Lass dabei einzelne Vokale innerhalb eines Wortes weg. Gib deinem Partner die Sätze zu lesen. Wenn ihr die Sätze vollständig schon oft gelesen habt, könnt ihr auch die unvollständigen Wörter erkennen.

Nun ist Rbert schn drei Wchen in dr neuen Klsse.
Mnche aus seinr Klsse knn er gut leiden.
Er stckt die leere Dse in die Tsche und geht.

Treppenwörter lesen

Wähle zwei Wörter aus einem Text und verlängere diese wie im Beispiel. Gib die Treppenwörter einem Partner zu lesen. Ihr könnt euch die Wörter auch abwechselnd vorlesen. Wer findet das längste Wort?

Rad	Ball
Fahrrad	Fußball
Kinderfahrrad	Fußballstadion
Kinderfahrradsattel	Fußballstadionsprecher

Kleine Autoren-Übersicht

Irmela Brender

Irmela Brender, 1935 in Mannheim geboren, arbeitete lange Zeit als Journalistin für Presse und Rundfunk sowie als Lektorin in einem Jugendbuchverlag. Seit 1970 ist sie auch als freie Schriftstellerin tätig. Sie schreibt Romane, Erzählungen und Gedichte für Kinder und Jugendliche. Darüber hinaus übersetzt sie erzählerische Werke aus dem Englischen ins Deutsche.

Im Lesebuch:

S. 158: Frau Quan schreibt Briefe

Georg Bydlinski

Georg Bydlinski, geboren 1956 in Graz (Österreich), arbeitet seit 1982 als freier Schriftsteller und lebt mit seiner Familie in Mödling bei Wien. Er schreibt Romane, Kinderbücher und Gedichte und macht auch Musik. So hat er einige seiner Gedichte selbst vertont. Er übersetzt aus dem Englischen und gibt Gedichtsammlungen heraus.

Im Lesebuch:

S. 18:   Ausreden in der Schule
S. 172: Sommerregen

Cornelia Funke

Cornelia Funke ist eine deutsche Kinder- und Jugendbuch-Autorin. Ihre Bücher sind auch in anderen Sprachen sehr erfolgreich. Cornelia Funke ist Erzieherin und Buchillustratorin. Sie hat für viele Bücher, auch für ihre eigenen, Bilder gemalt. In Dorsten, Nordrhein-Westfalen, wurde sie 1958 geboren und lebte lange in Hamburg, bis sie mit ihrer Familie nach Los Angeles, USA, gezogen ist. Viele ihrer Bücher, darunter „Tintenherz", sind auch verfilmt worden.

Im Lesebuch:

S. 104 / 105: Potilla
S. 114 / 115: Klopoteks Boxer
S. 138 / 139: Dachbodenluft schmeckt anders

Peter Härtling

Peter Härtling wurde 1933 in Chemnitz, Sachsen, geboren und wuchs im Krieg auf. Schon früh verlor er seine Eltern. Er arbeitete mehrere Jahre als Redakteur bei Zeitungen und Zeitschriften, eine Zeit lang leitete er auch einen Verlag. Seit 1974 ist er freier Schriftsteller. In seinen Büchern setzt er sich mit sozialen Problemen, seinem eigenen Leben sowie der deutschen Geschichte auseinander. Besonders bekannt geworden sind die Bücher „Ben liebt Anna", „Fränze" oder „Das war der Hirbel".

Im Lesebuch:

S. 5/6:   Liebe Leser
S. 80 – 82:   Der Ausreißer
S. 124 – 126: Der Hase Theodor

Klaus Kordon

Klaus Kordon ist ein deutscher Schriftsteller, der hauptsächlich für Kinder und Jugendliche schreibt. Er wurde 1943 in Berlin geboren. Seine Eltern starben früh, daher verbrachte er einige Zeit in Kinderheimen. Er versuchte sich in verschiedenen Berufen und reiste als Kaufmann um die ganze Welt, vor allem nach Indien. Heute lebt er mit seiner Frau in Berlin, wo auch viele seiner Bücher spielen. Seit 1980 arbeitet er als freiberuflicher Schriftsteller.
Besonders bekannt geworden sind die Romane „Der erste Frühling" oder die Buchreihe zum Berliner Jungen Frank, beginnend mit „Brüder wie Freunde".

Im Lesebuch:

S. 14 – 17:   Klassenkeile
S. 58/59:   Erstens, zweitens, drittens
S. 136/137: Der Menschenfresser

Mirjam Pressler

Mirjam Pressler, 1940 geboren, wuchs bei Pflegeeltern auf. Sie besuchte das Gymnasium und studierte dann Kunst und Sprachen. Nach einem einjährigen Auslandsaufenthalt in Israel kehrte sie nach München zurück und verfolgte verschiedene Berufe. Sie hatte zwischendurch auch einen eigenen Jeansladen. Nebenbei fing sie an, für Kinder und Jugendliche zu schreiben, ihr erster Roman „Bitterschokolade" erschien 1980. Als freie Schriftstellerin schreibt sie auch für Erwachsene. Für ihre Arbeit als Übersetzerin hat sie zahlreiche Preise erhalten.

Im Lesebuch:

S. 54 – 56: Die Veilchentasse

Ursula Wölfel

Ursula Wölfel wurde 1922 im Ruhrgebiet geboren. Sie studierte und arbeitete als Schulhelferin, später als Sonderschullehrerin. Schon immer hatte sie auch großes Interesse für Kinderliteratur. Seit 1959 veröffentlichte sie eigene Kinderbücher. Ihre Bücher waren mehrfach für den Deutschen Jugendliteraturpreis nominiert, bekannt geworden sind die Geschichten „Die grauen und die grünen Felder" und „Feuerschuh und Windsandale".
Ursula Wölfel starb 2014.

Im Lesebuch:

S. 12/13: Hannes fehlt

Fachwörter-Lexikon

Begriff	Erklärung
Absatz	Ein Absatz oder Abschnitt ist ein Teil eines Textes. Zwischen zwei Absätzen ist eine leere Zeile.
Anleitung	In einer Anleitung wird genau beschrieben, wie man etwas machen soll, z. B. in einer Bastelanleitung. Auch Rezepte sind eine Art von Anleitung.
Autor	Ein Autor ist der Verfasser eines Textes, z. B. für Bücher, Zeitschriften oder Zeitungen.
Comic	Ein Comic ist eine Bildergeschichte. In Sprechblasen steht, was die Figuren sagen, in Denkblasen, was sie denken.
Dialog	Ein Dialog ist ein Gespräch zwischen zwei oder mehreren Personen.
Drehbuch	Ein Drehbuch enthält den Text und alle Anweisungen für einen Film oder ein Theaterstück.
E-Book	Ein E-Book ist ein elektronisches Buch, das z. B. auf einem Tablet oder einem Smartphone gelesen werden kann.
Fabel	Fabeln erzählen von Tieren, die sprechen können. Es sind kurze Geschichten, aus denen man etwas lernen kann.
Gedicht	Ein Gedicht besteht aus Versen. Oft reimen sich diese Verse.
Geschichte	Eine Geschichte ist ein Text, in dem etwas erzählt wird. Es gibt eine Handlung und Personen oder Tiere, die etwas tun und etwas sagen. Geschichten sind oft spannend.
Interview	Ein Interview ist eine Befragung. Es werden also Fragen gestellt und beantwortet.
Journalist	Ein Journalist erstellt Beiträge für Medien, z. B. für Zeitungen und Zeitschriften, für das Internet, Radio und Fernsehen.
Kapitel	Ein Kapitel ist ein Teil eines Buches. Meistens haben Kapitel eine Überschrift.
Lexikon	Ein Lexikon ist ein Buch, in dem man Erklärungen für Dinge oder Wörter nachschlagen kann.
Lügengeschichte	In einer Lügengeschichte wird die Wirklichkeit verdreht. Sie wird in der Ich-Form erzählt, oft befindet sich der Erzähler auf einer Reise.
Märchen	Märchen sind unwirkliche Geschichten, in denen Prinzessinnen, Zauberer, Hexen und andere Fantasiewesen vorkommen können. Märchen beginnen meist mit den Worten „Es war einmal …".
Mindmap	Mit einer Mindmap (Gedächtniskarte) kann man ein Thema übersichtlich als Bild darstellen. Sie hilft bei der Planung von Vorträgen.

Begriff	Erklärung
Redensart	Eine Redensart ist eine feststehende Wortgruppe. Mit ihr lässt sich oft bildhaft etwas ausdrücken, z. B. „Schwein gehabt" (Glück gehabt).
Reim	Zwei Wörter, die gleich klingen, bilden einen Reim. In Gedichten enden Verse oft mit Reimen.
Rezept	Ein Rezept ist eine genaue Anweisung, wie man etwas machen soll. Kochrezepte sagen, wie man ein Essen zubereitet, Backrezepte geben Anweisungen, wie man etwas backen soll.
Sachtext	In einem Sachtext werden Dinge und Lebewesen kurz und knapp beschrieben, ohne dass jemand schreibt, was er darüber denkt.
Sage	Sagen sind alte Geschichten, die mit wirklichen Personen oder Orten verbunden sind. In ihnen kann Fantastisches vorkommen, z. B. sprechende Tiere oder Zauberei.
Schaubild	In einem Schaubild können Informationen sichtbar gemacht werden.
Schwank	Ein Schwank ist eine lustige Erzählung über eine komische Situation oder einen listigen Streich mit einem oft überraschenden Ende. Dabei überlistet ein Schelm, z. B. Eulenspiegel, die übrigen Personen.
Spalte	Ein Text kann in Textblöcken nebeneinanderstehen. Zeitungen haben oft Texte in Spalten.
Sprichwort	Ein Sprichwort ist eine knapp und treffend formulierte Lebensweisheit, z. B.: „Geteilte Freude ist doppelte Freude."
Steckbrief	In einem Steckbrief werden meist in Tabellenform die wichtigsten Daten in Informationen, z. B. zu Menschen, gesammelt.
Tabelle	Eine Tabelle besteht aus Spalten und Zeilen. In ihr sind Informationen, Zahlen oder Beobachtungen angeordnet.
Überschrift	Die meisten Texte haben eine Überschrift. Sie sagt, um was es in dem Text geht.
Verlag	In einem Verlag werden Bücher geplant und hergestellt. Der Name des Verlags steht vorne auf dem Buchdeckel.
Vers	Ein Vers ist eine Zeile eines Gedichts. Ganz oft steht am Ende ein Reimwort.
Zeitungsartikel	Ein Zeitungsartikel ist ein Text, der in einer Zeitung abgedruckt wird. Meistens ist es ein Sachtext.
Zungenbrecher	Ein Zungenbrecher ist ein Satz, der schwierig auszusprechen ist. Ganz oft enthält er ähnliche Wörter oder alle Wörter fangen mit dem gleichen Buchstaben an. Man muss sich sehr konzentrieren, wenn man ihn fehlerfrei aufsagen will, z. B.: „Blaukraut bleibt Blaukraut und Brautkleid bleibt Brautkleid."

Literaturverzeichnis

S. 5/6	Liebe Leser. Peter Härtling, aus: „Geschichten für Kinder", Beltz & Gelberg, Weinheim/Basel 2008
S. 8/9	Die neue Klasse. Lisa-Marie Dickreiter/Winfried Oelsner, aus: „Max und die wilde Sieben. Das schwarze Ass" (Band 1), Verlag Friedrich Oetinger, Hamburg 2014
S. 12/13	Hannes fehlt. Ursula Wölfel, aus: „Die grauen und die grünen Felder", Beltz & Gelberg, Weinheim/Basel 2014
S. 14 – 17	Klassenkeile. Klaus Kordon, aus: „Herr Lackmann geht ins Kino", Beltz & Gelberg, Weinheim/Basel 2008
S. 18	Nicht mit den Wölfen heulen. Wilfrid Grote, aus: „Die Erde ist mein Haus", Beltz & Gelberg, Weinheim/Basel 1988
S. 18	Ausreden in der Schule. Georg Bydlinski, aus: „Das Gnu im linken Fußballschuh. Gedichte für neugierige Kinder", Boje Verlag, Köln 2014
S. 19	Große Pause. Siggi Gsell, aus: „ABC und Tintenklecks. Gedichte für Kinder", Hrsg. Ursula Remmers und Ursula Warmbold, Philipp Reclam jun. GmbH & Co. KG, Stuttgart 2013
S. 20/21	Herr Kratochwil kommt – fast – zu spät. Heinz Janisch, aus: „Herr Kratochwil kommt – fast – zu spät", Verlag Jungbrunnen, Wien 2009
S. 22	Uno, due, tre. Josef Reding, aus: „Gedichte für Anfänger", Hrsg. Joachim Fuhrmann, Rowohlt, Reinbek 1987
S. 32/33	Waris Dirie: Ich war ein Hirtenmädchen, nach: „Wüstenblume", Waris Dirie mit Cathleen Miller, Knaur, München 2007
S. 40/41	Zwei Augenbrauen sind besser als eine. Karen McCombie, aus: „Indies Welt", Ravensburger Buchverlag, Ravensburg 2007
S. 42/43	Das geht Frau Neugebauer überhaupt nichts an. Paul Maar, aus: „Kreuz und Rüben, Kraut und quer. Das große Paul Maar Buch", Verlag Friedrich Oetinger, Hamburg 2004
S. 44/45	Die Klassenfahrt. Sarah Bosse, aus: „Am liebsten schulfrei", Ellermann Verlag, Hamburg 1996
S. 46 – 48	Tsozo. Frank Kauffmann, nach: „Tsozo und die fremden Wörter", orell füssli Kinderbuch, Zürich 2015
S. 49	Bin so. Jürg Schubiger, aus: „Der Wind hat Geburtstag", Peter Hammer Verlag, Wuppertal 2010
S. 54 – 56	Die Veilchentasse. Mirjam Pressler, aus: „Mirjam Pressler erzählt Geschichten", Beltz & Gelberg, Weinheim/Basel 2010
S. 57	Für Samay. Heinrich Böll, aus: „Großer Ozean. Gedichte für alle", Hrsg. Hans-Joachim Gelberg, Beltz & Gelberg, Weinheim/Basel 2015
S. 58/59	Erstens, zweitens, drittens. Klaus Kordon, aus: „Geschichtensafari", Hrsg. Ellen Frömming, Beltz & Gelberg, Weinheim/Basel 2011
S. 62	Gar nicht einfach. Franz Sales Sklenitzka, aus: „Gemeinsam sind wir unausstehlich. Geschichten rund um die Schule", Hrsg. Wolfgang Wagerer, Herder & Co, Wien 1989
S. 63	Tomas. Christine Nöstlinger, aus: „Ein und Alles", Beltz & Gelberg, Weinheim/Basel 1993
S. 64/65	Markus mag Maja. Rosemarie Künzler-Behncke, aus: „Oder die Entdeckung der Welt", Hrsg. Hans-Joachim Gelberg, Beltz & Gelberg, Weinheim 1999
S. 66 – 68	Mädchentore zählen doppelt. Cornelia Franz, aus: „Geschichtensafari", Hrsg. Ellen Frömming, Beltz & Gelberg, Weinheim/Basel 2011
S. 69 – 71	COOLMAN und ich. Rüdiger Bertram/Heribert Schulmeyer, aus: „COOLMAN und ich – Auf die harte Tour", Verlag Friedrich Oetinger, Hamburg 2016
S. 78/79	Maria an der Straße. Nasrin Siege, aus: „Oder die Entdeckung der Welt", Beltz & Gelberg, Hrsg. Hans-Joachim Gelberg, Weinheim/Basel 1999
S. 80 – 82	Der Ausreißer. Peter Härtling, aus: „Geschichten für Kinder", Beltz & Gelberg, Weinheim/Basel 2008
S. 84	Paralympics. Originalbeitrag von ZDF tivi, logo!: zdftivi.de/logo
S. 85	Mit dem Mikrofon unterwegs. Originalbeitrag aus: „Rollt. – Das Magazin für Rollstuhlbasketball."
S. 86	Mit Roboter zur Bibliothekarin: © dpa
S. 104/105	Potilla. Cornelia Funke, aus: „Potilla", Cecilie Dressler Verlag, Hamburg 2004
S. 113	Das bayerische Rotkäppchen. Elfie Meindl, aus: „Froschinski und Sterntaler", Hrsg. Werner Simon, Dachau 1985
S. 114/115	Klopoteks Boxer. Cornelia Funke, aus: „Kleiner Werwolf", Verlag Friedrich Oetinger, Hamburg 2011
S. 119	Rumpelstilz sucht Freunde. Gerald Jatzek, aus: „Das Kanapee ist unser Kahn – Gedichte für Kinder", Hrsg. Ursula Remmers und Ursula Warmbold, Philipp Reclam jun. GmbH & Co. KG, Stuttgart 2006
S. 120/121	Papa, wann darf ich mit? Andreas Kieling, nach: „Der Bärenmann. Vater und Sohn unter Grizzlys in Alaska", Hoffmann und Campe, Hamburg 2004
S. 122/123	Mäuserettung. Cornelia Funke, aus: „Cornelia Funke erzählt", Loewe Verlag, Bindlach 2011
S. 124 – 126	Der Hase Theodor. Peter Härtling, aus: „Geschichten für Kinder", Beltz & Gelberg, Weinheim/Basel 2008
S. 130 – 133	Wenn dich ein Löwe nach der Uhrzeit fragt. Hermann Schulz, aus: „Wenn dich ein Löwe nach der Uhrzeit fragt", Carlsen Verlag, Hamburg 2006
S. 134/135	Fremd, aber sicher. Inga Rahmsdorf, aus: „Süddeutsche Zeitung für Kinder", 24./25. Oktober 2014
S. 136/137	Der Menschenfresser. Klaus Kordon, aus: „Herr Lackmann geht ins Kino", Beltz & Gelberg, Weinheim/Basel 2008

S. 138/139 Dachbodenluft schmeckt anders. Cornelia Funke, aus: „Cornelia Funke erzählt", Loewe Verlag, Bindlach 2011

S. 141 Text zum Festprogramm nach einem Originalbeitrag der Stadt Furth im Wald

S. 144 Bayerischer Zungenbrecher „Oa Zwetschgn ...". Barbara Lexa, Copyright © 2005 Barbara Lexa Verlag

S. 150/151 Ein Tag bei den Turbotippern, nach einem Artikel aus: Stuttgarter Nachrichten – Kindernachrichten vom 31. März 2007

S. 156 Das Buch. Robert Gernhardt, aus: „Gesammelte Gedichte", S. Fischer Verlag, Frankfurt am Main 2008

S. 158 Frau Quan schreibt Briefe. Irmela Brender, aus: „War mal ein Lama in Alabama", Verlag Friedrich Oetinger, Hamburg 2001

S. 159 Geld verdienen mit dem Handy. Leo G. Linder / Doris Mendlewitsch, aus: „Gibt es hitzefrei in Afrika? So leben die Kinder dieser Welt", Hrsg. Sabine Christiansen/Janosch, Wilhelm Heyne Verlag, München 2006

S. 167 Schneeflockerl. Sieglinde Ostermeier, aus: „Kinder, megsd Bairisch hean? Verserl, Geschichten, Spiele durchs Jahr und für allerlei Anlässe", prograph 2011 (vergriffen)

S. 170 Frühlingswünsche. Eva Rechlin, aus: www.elternweb.at

S. 172 Sommerregen. Georg Bydlinski, aus: „Ein Gürteltier mit Hosenträgern", Dachs Verlag, Ostfildern 2005

S. 173 A richtis Franknkind: © Nikolaus Fey

Bildquellenverzeichnis

S. 5 Peter Härtling: © Beltz & Gelberg

S. 32 Porträtfoto Waris Dirie: © Karl Holzhauser/Desert Flower Fondation

S. 34 Segelschiff: © RCP Photo – Fotolia.com; Mühle: © Martin Vonka – Fotolia.com; Dampfmaschine: © Jens K. Müller – commons.wikimedia.org

S. 35 Kraftwerk: © fotosearch.de; Kühltürme: © apfelweile – Fotolia.com; Küste: © Andre B – Fotolia.com; Windrad auf dem Land: © davis – Fotolia.com; Windpark: © visdia – Fotolia.com

S. 37 Haushaltsgeräte (Schaubild): © graphstock – Fotolia.com

S. 70/71 Comic, aus: Rüdiger Bertram/Heribert Schulmeyer: COOLMAN und ich – Auf die harte Tour", Verlag Friedrich Oetinger, Hamburg 2016

S. 84/85 Laufbahn (Hintergrund): © jarma – Fotolia.com

S. 84 Körperbehinderter Sportler auf Startblock: © mezzotint_fotolia – Fotolia.com; Goalball: © Sputnik – dpa

S. 85 Kinderreporter Sören: © „Rollt. – Das Magazin für Rollstuhlbasketball."/Anke Seebold; Mikrofon: © ALDECAstudio – Fotolia.com; Annika Zeyen: © Uli Gasper

S. 86 Lena Kredel: © evado design, Riad Hamadmad / Institut für Automatisierungstechnik, Bremen

S. 103 Fernrohr und Kompass: © Mildenberger Verlag

S. 111 Buchtitel „Grimms Märchen: Rumpelstilzchen": © Verlag Friedrich Oetinger; DVD „Sechs auf einen Streich – Rotkäppchen": © Felix J. Holland, HR / ARD; Audio „Es war einmal ... Die schönsten Märchen und Klassiker: © Verlag Friedrich Oetinger; Buchtitel „Schiefe Märchen und schräge Geschichten": © Verlag Friedrich Oetinger; Buchtitel „Rotraut Susanne Berners Märchencomics": Copyright © 2008 Verlagshaus Jacoby & Stuart, Berlin

S. 112 Szenenfotos aus dem Märchenfilm „Rumpelstilzchen" © WDR/Hardy Spitz

S. 118 Ausschnitte aus „Froschkönig" und „Frau Holle", aus: „Rotraut Susanne Berners Märchencomics": Copyright © 2008 Verlagshaus Jacoby & Stuart, Berlin

S. 120/121 Angel: © Julián Rovagnati – Fotolia.com; alle anderen: © Andreas Kieling

S. 128 Angel: © Julián Rovagnati – Fotolia.com; Vater und Junge mit Stativ: © Andreas Kieling

S. 140 Stadt Furth im Wald © Thomas Kees – Wikimedia Commons; Tradinno: © Stadt Furth im Wald; Further Felsengang: © Drachenstich-Festspiele, A. Mühlbauer

S. 141 Kinder-Drachenstich, historischer Festzug: © Drachenstich-Festspiele, A. Mühlbauer

S. 140/141 Bayerischer Wald (Hintergrund) © Willow – commons.wikimedia.org

S. 145 Tradinno: © Stadt Furth im Wald

S. 148/149 Hintergrund: © pmphoto – Fotolia.com

S. 148 Gutenbergpresse: © www.gutenbergpresse-mieten.de; Tafel: MIGUEL GARCIA SAAVED – Fotolia.com

S. 149 Zeitung mit „Aktuelles": © Coloures-pic – Fotolia.com; Kopfhörer und Handy als Bücherregal: © Sergey Ilin – Fotolia.com; Mädchen mit Fernseher: © monkeybusinessimages – istock.com; Kinder mit Tablet: © Syda Productions – Fotolia.com

S. 150 Meeting: © Rido – Fotolia.com; Zeitungsrolle mit der Überschrift Nachrichten: © Zerbor – Fotolia.com

S. 151 Telefonat: © Lightwave Stock Media – 123 rf

S. 154/155 Lesehexen: © Angelika Soldner; Vorlesestunde mit Frau Holle: © Angelika Soldner; Büchertauschmarkt: © Angelika Soldner; Buchtitel „Robbi, Tobbi und das Fliewatüüt": © Thienemann-Esslinger Verlag GmbH, Stuttgart; DVD „Robbi, Tobbi und das Fliewatüüt": © STUDIOCANAL GmbH, Berlin; Audio „Robbi, Tobbi und das Fliewatüüt": © Hörbuch Hamburg HHV GmbH; Lesekiste: © Mildenberger Verlag; Buchtitel „Wieso? Weshalb? Warum? ProfiWissen: Pferde": © Ravensburger Buchverlag Otto Maier GmbH

S. 157 Bibliothek: © Tyler Olson – Fotolia.com; aufgeschlagenes Buch auf Büchern: © magele-picture – Fotolia.com

S. 168 Chinesenfasching, chinesischer Drache, chinesischer Kaiser: © picture-alliance/dpa/weigel

Illustratorenverzeichnis

Konrad Algermissen, 21493 Basthorst:
S. 30/31, 63, 96 – 100, 170/171

Andreas Besser, 36460 Dorndorf:
S. 28/29, 74 – 77

Renate Emme, 20257 Hamburg:
S. 8/9, 14 – 17, 26/27, 40/41, 54 – 56, 104/105, 124 – 126, 172

Christiane Ruth Franke, 8071 Grambach, Österreich:
S. 7, S. 34 – 37, 42/43, 78/79, 158, 166/167, 178, 180

Katrin Gaida, 81379 München:
S. 18/19, 32/33, 44/45, 52/53, 66 – 68, 80 – 82, 106/107, 127

Ingrid Hecht, 30163 Hannover:
Umschlag, untere Randgestaltung (Sterne), S. 12/13, 57, 83, 108 – 110, 119 (Rumpelstilz), 134/135, 136/137, 146/147, 164/165, 169

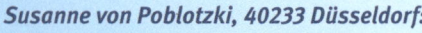

Susanne von Poblotzki, 40233 Düsseldorf:
S. 5/6, 20/21, 122/123, 130 – 133

Achim Schulte, 44263 Dortmund:
S. 10/11, 46 – 48, 49, 58/59, 62, 64/65, 90 – 95, 114/115, 138/139, 152/153

Heike Treiber, 79199 Kirchzarten:
S. 22, 113, 156, 159, untere Randgestaltung